ヒマラヤ大聖者の幸せを
引き寄せる生き方

「信じる力」が幸運を呼ぶ

ヨグマタ
相川圭子

廣済堂出版

はじめに

夢を叶えるスピードは、あなたがどれだけ「信じる」かに比例します

誰もが幸せを探して、人生という旅をしています。

幸せになりたくて、毎日一生懸命働き、学び、その中から自分を成長させようとがんばっています。

誰もが大なり小なり、自己を守る心を持っているのです。人を責めたり、自分を責めたりです。それを手放すことが幸せへの道なのです。

たとえば、がんばろうとすればするほど、無意識のうちに心の中は人に負けまいという競争心や虚栄心にとらわれたり、「これでいいのか」という焦りや不安、「うまくいかなかったらどうしよう……」という恐怖や悩みが生まれてしまったりします。

そんな恐怖や悩みが心の中に生まれてしまっている人も大勢いるのではないでしょうか。

それはなぜなのでしょう？　それは、あなたがまだ「自分は誰なのか」に気づいていないからです。

今から五千年以上も前、ヒマラヤ聖者は、サマディと呼ばれる究極の悟りを得て人間の真の姿に気づきました。そして、これがすべての人を真の幸福に導く真理であることを発見したのです。それは体験しなければわからないことです。ヒマラヤの聖者は大自然の中で、大自然の叡智《えいち》を悟ったのです。

自然は何なのか、この人間も自然の一部であるのです。そうした中で、それを創った存在は何なのか、そして体とは何なのか、心は何なのかを悟ったのです。

その真理とは、**この宇宙、そして私たち人間も、神が創った贈り物**ということです。人はただ食べて寝て生きるのではなく、真理を悟るため、真の成長をするのです。

ヒマラヤ聖者は真理の修行をして悟りに達し、それによって人間はいかにあるべきか、どうしたらいいのかをガイドできるのです。人が何をしたらいいのかを知っているのです。

ところが今はまだ、多くの人はいろいろなものに執着をして、よけいな思いや感情に振り回され、本質つまり真理はその葛藤の曇りに覆われています。心は厚い雲にたとえられます。それが暗闇をつくり出します。無知の心、つまり不安や誤解や競争の心が曇りをつくり出し、それが輝く太陽を覆っているのです。そして、その曇りが取れると内側から明るい太陽の光がさしてくるのです。それに出会うことで、暗闇が消えてすべてが明らかになるのです。それこそが真理に出会うこと、そしてもう一人の自分との出会いなのです。

それが、あなたの真の姿、大いなる智慧と聖なるパワーを秘めた〈ほんとうの自分〉なのです。

〈ほんとうの自分〉には、すべてがあります。

そこには何の苦しみもありません。心配もありません。
平和で愛に満ちています。形がありません。そして不可能はありません。
どんな人の中にもこの幸福な人生を実現できる神秘の力が宿っています。
幸せのカギはどこか遠くへ探しに行かなくても、もうすでにあなたの中にあるのです。

まさかと疑えば、〈ほんとうの自分〉は感じないし見えません。しかし、その存在を信じ、すべてをそこにお任せすれば、あなたはもっとそこからの恩恵をいただいて楽に生きられるのです。**夢や願いが叶うスピードは、あなたがどれだけ素直であるか、そして信じる力がどれだけあるかに比例します。**

本書では、そんな「信じる」生き方をみなさまにお伝えしていきます。

私は幸運にもヒマラヤの大聖者ハリババジと邂逅《かいこう》し弟子となりました。その教えを受け命がけの修行をし、究極の悟りの境地といわれる究極のサマディを成就しました。究極のサマディとは、最高の意識状態への進化であり、神と一体となることです。

私はその体験で人々の意識を変容させ、運命を好転させる力を得ました。

そしてヒマラヤの教えをさらに進化させて、トータルに誰もが効率よく安全に行える智慧の教えと実践の教えを開発したのです。

それは信じることをもとにして心と体を磨き浄めて曇りを取り払い、気づきを深めるもの。人々に幸福を、そして世界に平和をもたらすものです。

師であるハリババジの命を受け、今、みなさまにほんとうの生き方を示します。人々の内側を目覚めさせ、真の幸せになるための真理をシェアしていきます。

ページをめくるごとに、ヒマラヤの恩恵を授かり、心が楽になることでしょう。どうぞ私をガイド役として、その進化の旅をお楽しみください。実践して実際に変容していき、真理を悟ることがヒマラヤ秘教の教えです。知識で心でわかっても、それは思い込みであり、心の働きが残ります。心をなくし心を超えることで真理に出会うのです。そうしていくのが正しい生き方なのです。ぜひ、実際の体験をして、真の変容をしていってください。それが私のほんとうの願いです。

暗闇の中を手探りで生きるのではなく、あなたの中にある神の聖なる光で行く先を照らすように生きるのです。

愛と祈りをこめて。

相川圭子《ヨグマタ》

「信じる力」が

幸運を呼ぶ

目次

第1章

「信頼の心」と幸せ増加の法則

信じることは〈ほんとうの自分〉を受け入れること

第2章 なぜ、信じ、受け入れることが大切なのか？

人の奥深くには、すべてを生かしている源がある

第3章
神にサレンダーすると、最高の自分になれる

「ヒマラヤ聖者の恩恵」を授かることの意味

第4章

大切なものを信頼し、受け取るコツ

心の深いところにある愛につながる方法

第1章

「信頼の心」と幸せ増加の法則

信じることは
〈ほんとうの自分〉を
受け入れること

「魂」とは何かを知っていますか?

あなたは宇宙と同じ素材で
できている小さな宇宙です。
神秘のパワーがあり
豊かさに満ちた存在なのです。

「自分」とは何ですか？

そう聞かれたら、おそらくあなたは、「今ここに息づく体」と、「今ここで何かを感じ考える心」だと答えるのではないでしょうか。

少々太っていようが、痩《や》せていようが、これが私。

打たれても負けないで強気でがんばっている私。

成功しようと必死に戦っている私。

あるいは気が弱くて落ち込みやすいけれど、これが私。

などと。確かにそれも「自分」です。

このように人はそれぞれの傾向のキャラクターを持っています。けれど、多くの人がまだ気づいていませんが、その**「自分」の奥深くに、あなたを生かしている純粋な存在がある**のです。

それが「魂」です。それこそがあなたの体と心にとって大切な存在です。

では、魂とは何なのでしょう？

それを説明するには、まずこの大宇宙の創生のプロセスを見ていく必要があります。

宇宙は、すべての創造の源《みなもと》であり、至高の存在である神のプレゼントです。

宇宙には神からのパワーが与えられ、そこから現れた空・風・火・水・土の五つの要素が混在し、この要素によって無数の惑星や恒星が誕生と消滅の自然のドラマを繰り広げています。自然界の動植物が命のサイクルを繰り返すのも、これと同じ仕組みです。

私たち人間もまた、神からの贈り物として現れました。こうした大自然の宇宙の営みの中から創造されて送られてきたのです。

つまり、**神の意志によりこの宇宙が創られたのです。そして、私たちは神が創造した宇宙と同じ成分でできているのです。**

一人ひとりは、こうした宇宙から分かれた小さな宇宙と言っていいでしょう。

このような「小宇宙」と宇宙とを創造した源、つまり神から分かれた同一の性質を持つ存在の魂を我々は内在するのですから、「自分」もまた宇宙の一部だということです。

これが、あなたが今はまだ知らない〈真の自分・セルフ・自己〉、つまり、アートマン（意識の最も深い内側にある個の根源）です。

そして大自然の創造の源も〈ほんとうの自分〉です。パラマアートマン（宇宙の神）、大いなる自己なのです。ここで〈真の自分〉としたのは〈ほんとうの自分〉なのですが、より本質の自分を意味するために使わせていただきました。

目に見える心や体にばかりとらわれていれば、たとえば人と比べて優れている私、または嫉妬してばかりのだめな私や、結構うまくいっている私、あるいは何をやってもうまくいかない運のない私、あるいは恵まれた容姿の私、容姿に恵まれない私……。

そうした表面的な価値観の優劣ばかりに心がとらわれます。

そして、その中で自分の否定的な思い込みばかりが気になって劣等感に打ちひしがれてしまう人もいるかもしれません。

ですが、誰もに魂があり、それは神なのです。〈ほんとうの自分〉なのです。そして、それは純粋で智慧と神秘のパワーを持った、光り輝くダイヤモンドのような存在です。

私たちの内側奥深くは、豊かさを持っているのです。

その魂は何も足さなくていい、何も引かなくていい。そのままでパーフェクトなのです。

まず、神秘の存在であり、あなたを生かしている存在を信じます。それは〈ほんとうの自分〉です。

つまり内なる神の力を信じます。そして、同時にそれを体験する修行をしていくのです。そして実際に気づいていくのです。また日々それにゆだねることで可能性は広がっていくのです。

これまで「どうせ無理」とあきらめていたことにもチャレンジする勇気が生

まれるでしょう。

なぜなら、そこはあなたやまわりをジャッジする、エゴを超えているのですから。

信じる力は強いものです。あなたの人生は、まるで奇跡の連続のように好転していくはずです。

あなたの心は道具であり、
本質ではないことを知っていますか？

「信じる」スイッチを
オンにしましょう。
〈ほんとうのあなた〉は
そのままで完璧な存在なのです。

人の奥深くには見えない神秘の力があります。その力によって、見ること、聞くこと、話すこと、考えることができています。生かす力、つまり神の力があってこのように働いているのです。

神の力で人はいろいろなことができ、生かされているのです。

しかし、そうした見えない力に与えられた命ですが、時に「自分を好きになれない」という人がいます。

他人と比較していいところは何もない。何をやってもうまくいかないと、コンプレックスを持ってしまう人もいるのです。そして、自分に自信を持つことができないのです。

自信とは、「自分」を「信じる」ことですが、こういう人は、いつも失敗してできないところや自分の不足しているところに意識が向きやすいのです。そういう人は「自分を信じる」スイッチがオフになっています。

何ができるのか、何を持っているのか、人と比べて優れているのは何かなど、自分を信じるためには、外側の条件が整っていなければだめだと思い込んでいるのではないでしょうか。もっとお金があったら、もっと学歴が高ければ、もっと美人でスタイルが良ければ――。その人はいつも足りない、足りないと考えてしまうのでしょう。

また仕事で成果が認められたとしても、それは一瞬にすぎません。翌日、同じ部署のライバルがもっといい成績を収めたことが目に入り、「ああ、やっぱり私はだめだ」と落ち込み、自信はたちまち揺らいでしまうのです。

つまり、「信じる」スイッチをなかなかオンにすることができないのです。

これでは生きることは苦しく、人生に平和や安らぎは訪れません。

失敗をした人の多くは、大なり小なりその体験が影響して、つい否定的に考えがちになるのです。

ヒマラヤ秘教は、人間の〈ほんとうの生き方〉を伝えています。

悟りへの道をめざし、信じる心を深め、心身を浄め、自分とまわりと調和して生きます。自分が修行することで、自分と家族、さらには社会が平和になり、世界が平和になり、また先祖が平和になる教えなのです。それは〈ほんとうのあなた〉に出会うための生き方を伝えるということです。

まず、あなたの内側を目覚めさせるのです。

人は外側ばかりを見て、ああだ、こうだと思ってしまいます。また、心は自分の価値観のフィルターを通して外側を見ています。曇りの心を通してイリュージョンを求める生き方なのです。あなたを真の幸せにする新しい生き方は内側を浄め、純粋な心で真理に達していくのです。

ここでお伝えしたいのは、あなたの心は道具であり、本質の自己ではないということです。〈ほんとうの自分〉ではないのです。

〈ほんとうのあなた〉は別にあるのです。〈ほんとうのあなた〉は、神であり、その中にすべてがあります。あるがままで満ちています。

つまり、**〈ほんとうのあなた〉とは、そのままでパーフェクトという意味なのです。**人の奥深くにある本質は豊かな才能、そして無限の可能性があります。真の自己は何一つ付け加えることなく、そのままで完璧なのです。

そのことに気づき、信じることができれば、もう自分を好きになるための根拠を探す必要はないのです。ただし、みんなが信じている自分はエゴの自分です。そして何か心の一か所が傷ついたときに、すべてについての自信をなくすのです。真の自己を信じるためには、見えなくなっている真の自己を覆う曇りにトンネルを通して、貫通させていかなければならないのです。その後、トンネルごとすべての覆いを取り、ほんとうの自己になるのです。

目覚めましょう。神の領域につながる内なる道を開きましょう。

そのためにまず、自分を信じます。すると、その深くゆるぎない信じる心が突破口になって、神からの恵みがやってきます。消耗から充電へと働きます。そこには無限のパワーがあります。それを引き出すのです。さらに〈ほんとうの自分〉になるための道を進んでいくのです。

内側を輝かせる生き方、〈ほんとうの自分〉を目覚めさせること、さらに秘法をいただき修行をしていくことがヒマラヤの恩恵をいただく生き方です。

外側の知識や情報、テクニックは社会生活のためのもので、必要ではあるのですが、消耗する生き方なのです。

そうした心が満足する動きばかりを身に着けるのではなく、これからのあなたの生き方は、あなたの中にある本質を手に入れる生き方をプラスしていきましょう。

あなたを生かしめている本質である〈ほんとうの自分〉にパワーがあること。それが何ものにも代えがたいものであると理解し、それを信じていきます。さらには〈ほんとうの自分〉への絆《きずな》を深め、〈ほんとうの自分〉に出会って、〈ほんとうの自分〉になって真理に気づくのです。この気づきは、自分は本質の存在であることに気づくということです。みんなそれを疑い自分は心と思っているのです。

ヒマラヤの教えは、そのプロセスであなたの特性を生かしていきます。それによって自然により良い方向に導かれ、内も外も満ちてくるのです。

「カルマの法則」について
知っていますか？

良い行いをすれば、
必ず良い結果が返ってきます。
運命は自分の行いで
変えていけるのです。

人間が一本の樹木であれば、ただそこに在るだけです。けれど私たちは動物ですから、命ある以上、何かしらの「行為」をします。

行為とは、「行動」と「言葉」と「思い」のことで、これをカルマと呼びます。それによって何らかの結果が生まれるのです。

私たちは計りしれない生と死を繰り返して今に生きています。輪廻転生です。この転生の過程のすべての過去生と、現生のあなたが行った「行為」が記憶となって心に蓄積されています。この行為と記憶を含めてカルマといいます。欲望は記憶が刺激されて現れます。そして行為を生み出していくのです。

ものごとにはすべて原因と結果があるように、今起きている状況は、すべて過去のカルマが原因となって引き起こされた結果です。

簡単に言えば、**自分のしたことは、いつか自分に返ってくる。これがカルマの法則なのです。**

それを仏教では「因縁の法則」と言います。つまり、宇宙の法則でもあるのです。

自分はただ真面目に働いているだけなのに、なぜか職場でイジメにあう……。誰かに恨みをかうようなことをした覚えがなければ、それは無意識に自分の出している何かかもしれません。もしかするとそれは、過去生のあなたが人を陥《おとしい》れるなど、誰かを傷つけるようなことをしてしまったからかもしれません。


過去生のカルマは「サンスカーラ」といって、DNAに刻み込まれたものといえるかもしれません。その人の運命であり、宿命です。

それが原因となって、何生もの転生を繰り返した今のあなたに結果として起こっているのです。

生きるとは、行為をしてカルマの種を蒔《ま》くことでもあるのです。


さて、こんなふうにカルマが返ってくるという話をしますと、カルマとは恐ろしいものだと思うかもしれませんが、そうとは限りません。原因と結果の法則、自然の法則なのです。

悪いカルマの種を蒔けば、悪い結果が芽を吹いて実を結ぶことになり、カルマが返ってくるということになります。逆に良いカルマの種を蒔くことを心がけさえすれば、必ず良いカルマの実を結ぶという結果が訪れるのです。

ヒマラヤ秘教の教えは、内側深くの設計図となっている見えないカルマの記憶を浄めたり、新しい生き方をガイドし、運命を変えていきます。そして、心を超えて永遠の真理に出会っていくという秘密の教えなのです。

もちろん、良いことをすれば気持ちがよく、今日人に親切にすれば、すぐに結果が出ることもありますが、明日報われるということばかりではありません。

その結果がいつになるかはわからなくても、あなたの心が浄まり、ヒマラヤの教えを信じれば、必ず良いことが起きてくることだけは確かなのです。

つまり、**この法則を正しく活用すれば、未来はいくらでも明るく希望に満ちたものに変えていける**ということなのです。これをカルマの法則といいます。

良い行いを心がけましょう。自分も人も嫌いません。人の悪口を言わない、人がこうしてくれないとグチを言わない、欲しがらない、迷惑をかけない、嘘をつかない、誠実にする。感謝をしていきます。何かをしてもらったら「ありがとう」と思うのですが、嫌なことがあっても学びをいただいているので、感謝をするといいのです。そして思いやりをもって、ほんとうに人が困っているときは助けるといいでしょう。

どんなことが起きても学びとして、感謝していきます。

たとえば、親から愛情を注がれなかったなどのつらい記憶があって、親を恨んでいることもあるかもしれません。

しかし親には親の「そうせざるを得なかった」事情があり、カルマがさせたことかもしれません。その中では愛情を示していたのです。

恨みや憎しみをぶつければ、それはまた恨みや憎しみとなって返ってくるだけです。

あなたがこの世に送り出されたことを感謝します。どんなにか命を守って、この世に送り出してくれたことでしょう。そのことに感謝しましょう。

あなたの内側から自然に愛がにじみ出て、そうした愛をまわりに放っていけば世の中が平和になります。この愛はセルフィッシュな愛ではなく無償の愛です。相手からの愛が返ってくるのです。

人に幸せをあげれば、あなたに幸せが返ってきます。

信じましょう。**運命は、あなたの行為を変えることで変えていくこともできるのです。**

「信じるスイッチ」がオフになっていませんか？

「どうせ無理」「できっこない」と疑う心のクセを浄化して、「信じる力」を磨きましょう。

はじめて訪れた場所なのに、なぜか「知っている」と思うことはありませんか？　これはデジャブといって、過去生に刻まれた記憶が突然よみがえる現象です。**自分では意識していなくても、あなたの心には過去のさまざまな体験が刻まれている**のです。

たとえば、何をやるにも「自分なんかどうせうまくできっこない」とあきらめてしまう人は、過去の失敗体験がトラウマとなっていることが多いものです。そのため、ほんとうは能力があるのに、つい逃げ腰になってしまうのです。

悪い記憶ばかりではありません。過去に心地よい体験をしたことがあれば、今生のあなたは、「あれをもう一度味わってみたい」とウズウズします。

バンジージャンプが大好きな人に、「どうしてあんな恐ろしいことをするの？」と質問してみてください。たぶん「さあ？　自分でもなぜかわからない」という答えが返ってくるのではないでしょうか。

わからないはずです。その人が飛ぶのが好きなのは、同じ快感を味わった過去の記憶がそうさせたこと。自分の意思というより、無意識のうちに過去の自分が選択したことだからです。

このように、良きにつけ悪しきにつけ、私たちは過去の記憶に引きずられています。そしてその記憶が、その人の思考、心のクセとなるのです。

「どうせ無理」「できっこない」と疑う性質も、そんな心のクセの一つです。過去に何か大きな失敗をしたのでしょうか。何か誤解をされたのでしょうか。そんな場合は、心の中がどんよりと重いネガティブなエネルギーでいっぱいになり、「信じる」スイッチがオフになってしまいます。

だから、自分に自信が持てません。自分を信じられないのですから、まして や神という目に見えない存在を信じることなどとてもできないでしょう。これでは神の大いなる恵みを受け取ることができません。

心についたゴミを洗い流して浄化するのです。

浄化とは、心の中のとらわれを捨てることです。いろいろな段階の浄化があります。体の浄化、心の浄化と区別して深いところの浄化を魂の浄化と表現することもあります。そして、エネルギーの浄化があります。それらの浄化が進み、さらに最高の浄化をしつくすことをめざします。「浄化しつくす」というのは、心に何も刻まれていないまっさらな状態に戻ることです。純粋無垢《むく》で何にもとらわれません。私たちが神からこの世に送られてきたときの本来の状態に戻るのです。

ただし浄化の前に、しっかり自分を生かしてくれている存在を信じて、そのもとにしっかり進んでいくことが必要です。こうした深い浄化ができるのは、ヒマラヤ秘教のヒマラヤシッダー瞑想です。この瞑想は、膨大な記憶を溶かし、いろいろな秘法で浄めます。そして「サットバ」と呼ばれる純粋なエネルギーを充実させていくのです。

心が空っぽになると、目に入るもの、触れるものすべてが変わります。

鳥のさえずり、風の音、道端に咲く草花の美しさ……。すべてがうれしくありがたく感じるのです。そこにパワフルな存在が働いているのです。

自分の内側にある
「神の存在」を信じていますか？

自分を信じるのに、
理由はいりません。
ただ、大いなる存在に
身をゆだねればいいのです。

自分を信じないと何が起きるかを考えてみましょう。ゴールに向けてサッカーボールを蹴ったとき、「入るかな、入らないかな。入らなかったらどうしよう……」などと心が迷っていれば、その迷いが体に伝わり、緊張してうまくいかないこともあるでしょう。

しかし、信じるとどうでしょうか。「よし。絶対入る！」と信じ念じることで、見事ほんとうにシュートが決まることがあるのです。

「あれだけ練習を重ねてきたんだから大丈夫」「体調管理したから大丈夫」という日頃の努力に対する信頼や、「今度も大丈夫」といった経験からくる自信がいい結果を出すのです。これも信じる力の一つです。

スポーツでも勉強でも仕事でも、何かを成し遂げるには、こうした努力や練習、コツコツと成功体験を積み上げることはもちろん大切です。

ただ、過去に「これだけ練習した」「これだけ勝った」など、目に見える世界だけを自分のよりどころにしていると、ちょっと調子を崩しただけで「ああ、もうだめだ」と心が折れてしまうこともあります。

一度の失敗に引きずられ、本来の能力が出せなくなることもあるでしょう。それに、あまりがんばりすぎると疲れてしまいます。

「ライバルに絶対負けたくない」「なんとしても一番になりたい」と競争心や功名心を燃やしていくことは、「自分が、自分が」と自己の利益だけを追い求めるエゴの働きになっていくことを知らなければなりません。

今の時代、エゴはいいことと勧められていますが、その欲望のエゴは、「もっと、もっと」と欲望を募らせて止まることを知らず満足しないのです。それはやがて生命力を消耗させ、危険なことになるのです。

一般的な信じ方はエゴを信じる、つまり心を信じているのです。しかしそれはほんとうに信じることではないのです。

ほんとうの意味で自分を信じるとは、単に自分の体や心の能力を信じるのではなく、自分の内側に確かにある神の存在、つまり〈ほんとうの自分〉を信じ

ることなのです。そこには無限からの力が働いています。

変化する社会的なことを「前もこうであったから大丈夫」と信じるのではなく、その対象が永遠の滅びない力の源に対してであり、それを信頼しきることなのです。

「火事場のバカ力」という言葉があるように、人間はいざというとき、それまで想像できなかったような超人的な力を発揮することがあります。〈ほんとうの自分〉の力を信じることで、がんばらなくても、もっとそうしたところから楽に結果が出せることもあるのです。オリンピックに出場するようなトップアスリートが、試合の前に大地に手をついて黙祷《もくとう》を捧げたり、天に祈るようなポーズをします。ああしたしぐさは、心を落ち着かせ、集中力を高めるための一種の縁起担ぎかもしれませんが、それだけではないはずです。

「人事を尽くして天命を待つ」

そんな言葉もあります。**やれることはすべてやった上で、あとは大いなる存在にお任せする。**彼らは信じる力の威力を知っているのだと思います。

深く「ただそこにある」という
存在に気づいていますか？

心や体は変化するものです。
唯一変わることのない
永遠の存在に目を向けましょう。
それが、〈ほんとうの自分〉です。

平家の栄枯盛衰《えいこせいすい》を描いた『平家物語』は、「祇園精舎《ぎおんしょうじゃ》の鐘の声、諸行無常《しょぎょうむじょう》の響きあり」という有名なフレーズから始まります。

この「諸行無常」という言葉は仏教の経典からの言葉で、深い瞑想で気づいた宇宙の現象の意味です。これらの仏教の考え方はヒマラヤ秘教が源流なのです。

諸行とはサンスカーラという過去生の記憶の縁で起きる現象のことでサンスクリット語の訳です。無常はアニッチャーというサンスクリット語の訳で、いつも同じでなく変化していること、いつも同じ時がないということです。この世の縁で生まれた形あるものは、すべてのものがつねに変化して、成長し、やがて死に向かっているという真理です。

これらやすべての叡智は、ヒマラヤ聖者が深い瞑想で発見したのです。それはインド哲学の経典に真理の言葉として著されています。

さて、顕微鏡が発見され、細かい存在の細胞の営みまでわかるようになりました。そこにおいてもつねがない変化があるのがわかります。つまり、私たち人間の体も例外ではないのです。

体内に三十七兆個あるといわれる細胞はつねに生まれ変わり、数年かかってすべて新しいものに置き替わるといわれています。そんな新陳代謝で肉体は変化し衰え、やがて死を迎えるのです。すべては変化していくのです。

心も同じです。仕事の成功、生きがい、貯金、理想の伴侶、豪華な食事……。私たちは心の幸せを得るためにさまざまな望みを持ち、それを手に入れたいと懸命になります。

しかし、**手に入れても、それは永遠ではありません。誰しも心は変化し、また得たもの、対象も変化するのです。**

たとえば、誰もが知っている業績の良い会社に就職しても、時代と共に人の心や好みが変わり、売れていたものが売れなくなり、やがて業績が変化することもあるでしょう。そんな中で不安を感じたり、転職を考えたりするかもしれません。また会社の方針が変わって仕事が変わったり、会社の整理がありリストラされるかもしれません。何があるか、それはわからないのです。

ある人が、才能があり素晴らしい研究を成し遂げたり、また、スポーツで優勝したとしても、その力が永遠に続くわけではなく、必ず衰えがきます。また新しい才能や世代が登場し、成果や記録はどんどん塗り替えられていくのです。

そこに執着していると苦しくなるのです。何かを得た喜びは一瞬で、ずっと続かないのです。また、怒りや恐怖、苦しみの感情に支配されてしまうかもしれません。

心の働きも変化するのです。心は海の表面の波のようにうねります。つねに外のものにリアクションをしてあれこれと動き続け、波立つ海の表面のように揺れ動き、海の深い動かない静かなところとは違って平和がないのです。

時にその変化と一体になってエンジョイすると、子どもが遊園地でグルグル回る乗り物に乗るのを楽しいと感じるように、変化は時にスリリングで刺激的に感じるかもしれません。あるいは、何の変哲もない毎日より、泣いたり笑ったりと心が動いているほうが充実していると錯覚してしまうかもしれません。

けれど、そうした喜びはあくまでも表面的なものにすぎません。変化するものをよりどころにしても、あとで疲れ、どこかむなしく、満たされないのです。その波に乗っているとき、ほかのことは何もわからないのです。

ヒマラヤ秘教の教えは、変化しないところにつながり、それを体験していくものです。そして、深く「ただそこにある」という存在に向かうのです。それは永遠の存在です。

現実社会や心や体がどんなに変化しても、唯一変わることのない永遠の存在に目を向けましょう。そこにはすべてを生み出す力があり、すべてがその中に含まれるのです。

それが、あなたを生かしめている〈ほんとうの自分〉です。〈ほんとうの自分〉とは、ほんとうに高い存在です。至高なる存在のことです。自分の魂は、そこから分かれた存在のセルフ、自己といいます。それは個人の魂なのです。この至高なる存在は創造の源、それはただ一つの存在です。そこは**変化しないもの、永遠の存在、神というのです。すべてを含むのです。それを信じれば、**

そこから無限の力を引き出し、守られて生きることができるのです。

あなたは、どんなときもまるで神の懐《ふところ》に抱かれているように、奥深い安らぎと平和に満ちていくのです。

〈ほんとうの自分〉、至高なる存在とつながりましょう。サレンダー、お任せをするのです。心の働きを静めて任せます。それは〈ほんとうの自分〉を信じることになるのです。神を信じるという行為です。さらに浄めていき、完全に心と体を浄め切ったときに神と一体となることができるのです。

神につながるといいのですが、しかし、あなたひとりで神の波動にアクセスすることはできません。なぜなら、その波動を持っていないからです。道に迷ってしまうでしょう。あるいは、粗悪な波動を捕まえてしまいます。

シッダーマスター、究極の悟りのマスターの正しい導きが必要です。ぜひ、ヒマラヤ秘教の聖なる修行を体験してみてください。

執着や欲望に
振りまわされていませんか？

幸福を探すために
どこかへ行く必要はありません。
幸福はすでに
あなたの中にあるからです。

私はどこからきたのか？　私は誰なのか？

あなたは、自分自身にそんな問いかけをしたことがありますか？

忙しさに追われ、なかなか本質的なことに思いがいたらない。それが多くの人の本音ではないでしょうか。

このように真理に背を向けた状態を、お釈迦様は「無明《むみょう》」と呼びました。それはヒマラヤ秘教の教えでもあります。人は今、無明の中にあると。

無明とは、真理を知らないことです。心の煩悩《ぼんのう》（欲望）に振り回されていることです。幸せになるために心の執着をつくり、外側の物質的な豊かさを追い求め、「あれも欲しい、これも欲しい」と奔走しているのです。社会的なことばかりを行い、エネルギーを消耗し疲れていくのです。不足の心、不安や飢餓感をもとに奮起して財産を築き、成功しようとする人もいるかもしれません。

しかし、心を使い切っていくら豊かになっても、心は安らぐどころか、ますますあなたを忙しくさせ、安らぎがないのです。いくらものに満たされても根底の恐れや不安は消えないのです。心の欲望に翻弄されていると、神の存在、魂から遠くなり、それが曇らされて智慧の光に照らされることのない、暗闇のような明かりのないところにいることになるのです。

人間の苦しみは、すべてこの無明からはじまります。暗闇の中に生きているのです。先を明るく照らす智慧の光がないのです。

そして、**「無知」**という言葉があります。ヒマラヤ秘教の言葉です。インドの哲学を知ったお釈迦様も言っている言葉です。無知は真理を知らないということです。自分が永遠の存在であること、その〈ほんとうの自分〉を知らないということ、悟っていないということです。それが暗闇をつくる生き方なのです。


もちろん、欲望がすべて悪いわけではありません。

「あれがあれば、もっと便利なのに」「時間が短縮できて楽なのに」など、こうした欲があったからこそ、私たちの暮らしは飛躍的に進化しました。コンピュータやスマートフォンなどの情報機器が発達し、百年前なら夢か奇跡としか思えないような便利な生活も実現しています。個人のレベルで言えば、欲があるから、自己成長へのモチベーションも高まるのです。

けれど、**一つ手に入れれば「もっと、もっと」とまた別のものが欲しくなるように、欲望にはキリがありません。**

そして、手に入れたら入れたで、今度は執着という苦しみがはじまります。やっと念願の出世を果たしたのに、「誰かに足を引っ張られ、突然左遷させられたらどうしよう」とびくびくし、不安を抱えることがあるかもしれません。せっかく貯めた貯金も、「減ったらどうしよう、悪い人にだまされたらどうしよう」と不安で心が落ち着かない人もいるかもしれないのです。

理想の恋人に出会えても、「浮気されるんじゃないか」と絶えず相手の動向が気になり、束縛してしまうという人もいると聞きます。それらの不安は、すべては変化するということを知らないからなのです。また、カルマの法則を知らないからなのです。

こうした目に見えるものや見えないものは、最初から自分のものではないのです。それに執着して失いたくないと思えば、つねに怯《おび》え、自己防衛しながら生きていかなければなりません。だから苦しいのです。

集めたものを命のように大切にし、依存しているのです。それは自分を見失い、その対象に力を与えていることなのです。いわば「もの」が主人公になっているのです。そのものはパワーがなく変化するものであり、自分を消耗させていくものですが、それを命くらい大事なものと錯覚しているのです。

こうしたことは、すべて無明で無知と言わなければなりません。無知とは真理を知らないことであるからなのです。

人間にとっての本当の幸福とは、欲望のままに外側に何かを獲得することではありません。どこかに物質的なものを探しに行くことでもありません。そんな生き方はただ消耗するだけで、イリュージョンを捕まえに行っているのと同じことです。やがてこの世界に置いていかなければならない消えるものを探し求め、獲得して、命をすり減らし、お金と時間を無駄に使っているのです。そして、その結果、心も体も神経も休まらず、興奮という錯覚に振りまわされていくのです。

あなたは、どこへ行く必要もないのです。幸福はすでにあなたの中にあるからです。

私たちは、真理を知るという使命を果たすためにこの世に生まれてきました。そのために、何度も生まれては死に、死んでは再び生まれ変わるという浄化と進化の旅を続けてきたのです。

自分は誰なのか。真の幸福とは何なのか？

ヒマラヤの恩恵を得ることで、ぜひ今生で真理があることを知り、それに出会う旅をはじめましょう。究極の真理と出会いましょう。

無知から悟りに、暗闇から光に、死から永遠の命にと、**ヒマラヤ秘教は、あなたを真の幸福にする実践の教え**なのです。

自分が何者かわからないという
不安を持っていますか？

エゴの苦しみから
抜け出す唯一の方法は、
心を超えた根源の存在を
信じることです。

エゴとは「私が、私が」と自分を優先するセルフィッシュ(利己的)な思いのこと。

自分を形成する「体・心・魂」の中では心の領域にあるものです。

たとえば、街で困っている人を助けたとします。それ自体は善行です。けれども、その奥深くに無意識に「認められたい」「褒《ほ》められたい」「いい人だと思われたい」などの心が隠れていたとすれば、それがエゴです。欲の心です。

私たち人間を創造した神は、本来、私たち一人ひとりにすべて生きる力を与え、守ってくださっています。

ですが、心はそのことに気づきません。だからつねに欲の行動に出てしまうのです。

不足ばかりに気がつき、それを追い求めます。もっと親切にされたい、もっと愛されたい、評価されたい、褒められたい、人によく思われたい、目立ちたい、特別でありたい、支配したい、力が欲しい、関心を持たれたい、もっともっと欲しい……。エゴはいつも貪欲《どんよく》です。

なぜそうなってしまうのでしょう？

それは、エゴはつねに充実したいからです。自分が十分でないと感じ、欠乏感に苛立《いらだ》っているからです。

エゴの根底にあってすべての行動を支配しているのは、自分が何者かわからないという不安なのです。

不安だからこそ、エゴは区別する習性を持っています。

区別とは、自分にとって安全かどうか、害を与えられないかどうか、用心深く選別することです。


ここで少し人類の歴史を振り返ってみましょう。

原始社会では、人間はいつ猛獣に襲われるかわからない危険と隣り合わせで生活してきました。そんな環境を生き延びるには、危険をすみやかに察知する能力を養う必要がありました。

そうした習性は人間のＤＮＡに刻まれ、私たちは今も、日々の生活の中で危険なものとそうでないものを区別するようになったのです。

たとえば、古くなった食品があれば、あなたも、匂いを嗅いだり舌にちょっとのせたりして、食べられるかそうでないかを慎重に判断するのではないですか？

これらは生きるための大切な習性です。

しかし一方、必要以上に警戒心が発達して、他人の存在を意識して神経をとがらせています。

特に現代のような競争社会では、絶えず外側にアンテナを張り巡らせているため、心が他人と競争します。そして比較したり、他人を分析したり、ジャッジしたりしてしまいます。

「あの人より私のほうが、学歴があるから勝ち」

「私のほうが、収入が高いから勝ち」

と、さらに「勝ち組」「負け組」という言葉さえ現れます。

このように、外側の条件で人に勝つことに懸命になり、エゴを拡大していきます。そして、人に危害を加えるエゴに発達することもあるのです。人を傷つけるようなエゴは慎まなければなりません。そして、個人の争いから、さらにはエゴが肥大化すれば国家間の戦争にまで発展してしまうほどです。

競争や戦いに勝っても、それは一時的な不安の解消にすぎません。

心はつねに変化し不安なのです。こうした無知から解放されるには心を超えた根源の存在である〈ほんとうの自分〉、永遠の変化しない、すべてが満ちている存在を信じてそこに向かうのです。あなたはすべてが満ちていることを知るのです。

無条件で〈ほんとうの自分〉である聖なる存在を信じること、つまりそれを信じ、それに**「サレンダー」**するのです。

それは、言い換えれば、自分を守ろうとする欲やエゴを落とし、〈ほんとうの自分〉である大いなる存在、神に自分をゆだねることです。

ヒマラヤ秘教のディクシャ（高次元のエネルギー伝授）で、神への扉を開けていただきましょう。

その瞬間から、あなたの生き方はガラリと変わります。

ヒマラヤ聖者のタッチで、あなたは神につながり、変容して生まれ変わり、魂を愛する人になれるのです。

そこからの大いなる力の作用により、愛と感謝に満ちた豊かで平和な日々をすごせるようになります。さらに積極的に浄めることで、真理に達していくことができるのです。

あなたの内側の「インナーチャイルド」を
癒してあげていますか？

「人からどう思われるか」
は気にしない。
神に生かされたあなたは、
それだけで価値ある存在です。

過去生を含めた過去の経験や記憶がカルマとなって、その人の考え方や価値観、反応の仕方に影響を与えることがあります。同じニュースを聞いても「許せない」と激しく感情が揺さぶられる人もいれば、「へえ、そんなこともあるのか」程度でやりすごす人もいるのは、それぞれカルマが違うからです。

こうしたことから、同じ人間であってもクオリティは一人ひとり違ってきますし、反応も違います。

怒りっぽい人、穏やかな人、緊張しがちな人、リラックスした人、陽気な人、陰気な人……。それぞれのクオリティが、性格であり個性です。そこに優劣の区別はなく、正しいか間違っているかの正解もありません。

しかし、心は自己防衛から、長年のクセで無意識に比較の世界に入ってしまいます。

そうした比較から生まれる感情の一つに**「嫉妬心」**があります。

嫉妬心は、大きく二つに分けられます。一つは、自分が愛する対象が別の誰かに心を寄せることを妬《ねた》むという愛情に関するもの。もう一つは、人気がある人や仕事ができる人を羨望《せんぼう》するという能力に関するものです。

愛情に関する嫉妬は、五歳の子どもでも持つといわれています。たとえば妹や弟が生まれることで親の愛情を独り占めできなくなった場合など、その寂しさが怒りの感情と結びつき、嫉妬につながることがあります。

過去のそんな記憶がインナーチャイルド（内なる子ども）と呼ばれる「思いグセ」となって、今のあなたを苦しめている場合も多いようです。

そのような人は、まず**内側のインナーチャイルドを癒してあげる必要があります。ヒマラヤ秘教のディクシャを受け、シッダーマスターの導きによりアヌグラハ（神の恩寵《おんちょう》）でカルマを浄化されるといいでしょう。**私のところでは「アヌグラハ・インナーチャイルドの癒し」という最高の祝福と共に進める気づきのワークがあり、意識が速やかに安全に変わっていくのです。

また、能力に関する嫉妬は、「あの人のようになりたい」という憧れやうらやましさから生まれます。その裏には、人と比較して自分には価値がないという間違った思い込みがあるのです。

愛情に関する嫉妬も能力に関する嫉妬も、人から大切にされたい、認められたいという願いからきており、深いところに寂しさと不安があるのです。

けれど、人の思いなど、時間や気分、立場でコロコロと移り変わっていくものです。そんな頼りないもので自分の価値を証明する必要はないのです。

人がどう思うかなど、関係ないのです。なぜなら、私たちはみな素晴らしい叡智を持った神の創造物であり神の分身だからです。

神はあなたの中にいるのです。

そこを目覚めさせていくことで、あなたの中に自信が湧き、心の不足や比較の心に一喜一憂しなくなるのです。

あなたは内側にすべてが満ちている存在。〈ほんとうの自分〉を信じ、そこからのパワーをいただき、揺れない心となっていくことができるのです。

起こる出来事は、
すべて自分が引き寄せたこと。
偶然ではなく、必然です。

長い人生には思いがけない試練が降りかかってくることがあります。突然のリストラ、離婚、病気、倒産、事故や災害、親族の死亡、人間関係のトラブル、天災など……。

理不尽でつらい出来事に遭遇すると、神はいないのかと絶望し、運命を恨みたくなることもあるでしょう。

けれど、**出来事は、運や不運に左右されて偶然起こるわけではありません。**

カルマの法則を覚えていますか？

仏教的に言うと因縁の法則です。

良い行いをすれば、良いカルマの種が蒔かれます。それが原因となって良い結果が事象となって現れます。

逆に、悪い行いをすれば、悪い種が蒔かれて、こうした不運が結果として現れることがあるのです。

行いの中には、「思い」や「言葉」も含まれます。

たとえば、あなたが過去に誰かを嫌ったり憎んだりしたことがあれば、そのネガティブなエネルギーもまた、同類のネガティブな事象を引き寄せます。言葉もそうです。

「嫌ったといっても、心の中で思っただけ。誰にも伝わっていないから、私は悪くない」

と思うかもしれません。

けれども、そうした声に出さない思いも波動となって外に放たれたり、あるいは心に記憶となって刻まれ、カルマとなっていくのです。

いい人を演じたとしても、心の内側でジャッジをしたり、否定的な思いがあったりすると、自分の心身をむしばみ、また波動としてまわりに伝わってしまうのです。

今あなたの身に起きた試練は、こうした原因と結果の法則に従って必然的に起こっていることなのです。

原因をつくったのは過去の自分かもしれないし、輪廻転生の中の過去生の自分かもしれません。いずれにしても、誰のせいでもない、あなた自身が選んだこと。厳しい言葉を使えば、自業自得なのです。

そう考えると、親が悪い、夫が悪い、世の中が悪い……などと人や環境のせいにしていられません。

あなたの人生は、あなたがつくったのです。ただし、それは無自覚、無意識であることが多いのです。

人の影響を受けない生き方があります。**ただ嘆き悲しむのではなく、それをあるがまま受け入れ、さらに積極的に心を変えていきましょう。**あなたは、それに気づいて賢くなっていかなければならないのです。

ヒマラヤ秘教の教えはまず信仰心を養います。見えない存在を信じ、守りをいただきます。そして、力ある高次元のエネルギーによって内側を目覚めさせ、変容させる秘法をいただきます。

さらに、ヒマラヤシッダー瞑想を行い、秘法の伝授でそれを実践していき、心の浄化と深い気づきを得るのです。

そのことで運命を好転させることができます。ヒマラヤシッダー瞑想は、内側の心を浄化して、混乱と執着を取り除き、平和の心をつくりあげてくれます。そして気づきをもたらします。深いところから安定したエネルギーがあなたの中に築かれていきます。

気づきがなくまわりのせいにしていれば、心は一向にはずれないのです。エゴは相変わらず「私は悪くない」と自己防衛に走るでしょう。そして人を恨み、社会を恨んで、あるいは自分を責めて、さらにネガティブなカルマを重ねていくだけです。そんな負の連鎖はストップさせましょう。

あなたはヒマラヤ秘教の恩恵をいただきます。瞑想を行い大いなる知恵をいただき学びます。混乱を浄めることで、何が正しい心か、純粋な心なのかを実践的に体得するのです。

修行をして、曇りのない心が現れると、あるときふと自分のエゴに思い当たり、それがはずれていくでしょう。

「そういえば、私は人に負けまいと競争してばかりだった」「まわりの人を思い通りに動かそうとしていたかもしれない」などと、日々気づきの人生になります。それこそが暗闇から光に導かれる生き方です。

こうした内省が、これからの人生をより良くするための学びなのです。

これからはカルマを浄める生き方、誰のせいにもしない、もっと自立的な生き方をしていきましょう。そうすることであなたの魂は輝き、運命は必ずより良いものになっていきます。

第2章

なぜ、信じ、受け入れることが大切なのか？

人の奥深くには、

すべてを生かしている

源がある

人に平等心と慈しみをもって
接していますか?

人間はすべて
神が創造したものです。
だから、どんな人の中にも
気高く尊い「神性」があります。

多くの人が何らかの人間関係の悩みを抱えているようです。職場や学校の人間関係、家庭内のもめごと、ご近所トラブル……。

どんなコミュニティにも、「あの人は、どうしてあんなに偉そうなのかしら」「なぜあんなに頑固で、人の意見を聞かないんだろう」などと周囲を困惑させる困った人や扱いづらい人はいるものです。

相手は言いたい放題、やりたい放題。自分ばかりがイライラさせられ、我慢させられてばかりで、なんだか損をしているようにさえ感じてしまいます。

「あんな人でも愛するに値するのだろうか？」「あんな非常識な人、見たことない」と相手を分析したくなることもあるでしょう。そういう自分がどういう波動を出しているのか気づきません。

けれど、そもそもそんな分析は必要ないのです。少しでも相手をジャッジして、好意的でない波動が出ると、相手はそれに対して受け入れてもらっていないと察知し、戸惑いなど、安心のエネルギーでないものを出すのです。そうした結果、良い関係性が築けなくなるのです。

私たち人間は、人を「良いか悪いか」と正しく判断できません。

そもそも私たちの善悪の判断基準は、その人の心の価値観からきています。これまで親や学校、社会で教えられた常識や慣習、価値観などが刷り込まれ、それが基準になっているのです。

お金持ちか、そうでないか。学歴が高いか、低いか。地位や名誉はあるか、有名か。あるいはその人の波動を見て、重いか、軽いか。

そんな外側の条件で人を見ているのです。

けれど、心の価値観に普遍性はありません。それらは時代や状況、人によってつねに変わっていくものだからです。

欠点をあげつらって批判したり攻撃したりと、相手に矢を放ってはいけません。その矢はいつか必ずあなたに返ってくるからです。

平等心、普遍的慈愛で見るのです。**「愛するに値するかどうか？」とジャッジするのではなく、誰もが愛されるべき存在なのだと考え直してみてください。**

何かが幸せではなかったのです。あなたが送ったエネルギーが返ってくるのです。

人間はすべて神が創造したものです。国、民族、価値観、性別、身分、職業など、カルマによって今はそれぞれ違いがありますが、みんな神の国から神の一部を授けられてこの世に生を受けた魂の仲間なのです。

あなたの中に光り輝く〈ほんとうの自分〉がいるように、どんな人の中にも気高く尊い神性があります。多くの人は、未だ無知や自己防衛からさまざまな姿を外側に見せています。その人の姿をジャッジしないで、理解し許すのです。また自分も同様に他人にどう映っているかわからないからです。つまり、自分の今まで積んだカルマが人にどう映っているかはわからないのです。

だから、人を見るときは、外側を見るのではなく、内側のその純粋さに目を向けましょう。平等心と慈しみをもって接するのです。尊敬し合い、拝み合いましょう。そうすることでたいていの人間関係は解決するものです。

以下は、ヒマラヤ秘教の修行を行い、そのことに気づいた人たちの感想です。参考にしてみてください。

新しい会社に移ったら、前の会社の上司ととても似ている嫌な上司に出会い、会社に行けなくなりました。けれどもワークを通して、二人の上司は、自分が上の立場に立ったときの姿そのものだと気づきました。高次元のエネルギーをいただき、ただ良い波動をつくる瞑想を行っていったら、どう思われるかと気にする必要のないことに気づき楽になったので、会社に行ってもいいのだと思えました。（Sさん）

今まで自分のほうが大変だった、悲しかった、つらかったと思っていたが、気にしていた相手も、私の愛を感じられずにイライラしていたのではと気づかされました。（Kさん）

母との関係に長年悩み、母を恨んでいたが、今日のワークで大きなわだかまりがなくなりました。やっと母を超えられると思いました。（Sさん）

サレンダーの大切さに気づいてから、いろんなことが良くなっていきました。弟夫婦に感謝できるようになり、涙がとまりませんでした。（Gさん）

息子と主人の関係が良くなってきました。人をいろいろな面から見られるようになりました。スッキリさせていただいて感謝します。（Sさん）

子どもの頃から母を恨んでいましたが、ヨグマタジの愛をいただき、何も求めなくてよくなりました。（Fさん）

すべてを手放す覚悟はありますか?

あなたがこの世で集めたものは
すべて置いていくのです。
この体でさえ脱いでいくのです。
死は通過点にすぎないのです。

人は一生懸命豊かさを求めて生きています。知識を磨き、良い仕事をして、願いを叶えたり、いろいろな体験をしてカルマを積んでいきます。一時の幸せを感じ、また得られない苦しみを感じるのです。

多くの人は自分がいったい誰であるのか、〈ほんとうの自分〉を知りません。ほんの数人が歴史の中で厳しい修行をして、〈ほんとうの自分〉である真理を体験したのです。それがヒマラヤの聖者です。

ヒマラヤの聖者は究極のサマディを成し、真理を体験し真理を知ったのです。

そこからの叡智は人に伝えられ、科学が発達し、宗教がもたらされました。そうした叡智により人々は守られ助けられ、さらに世界は存続しているのです。

多くの人は心が自分と思い、心の欲望に翻弄されて生きています。心の幸せ、感覚の喜びを求めて必要なものを集めています。生活に便利なものをつくり出して素晴らしい進歩をしてきています。そして、一生懸命に集めたものは死ぬときに、あの世に持っていくことができないのです。そのときはすべてを置いていかなければなりません。

誰もが死を恐れ、生きることのみに懸命であり、生活のためのものを集めて必死にがんばっています。しかし、お金、家、あるいは名誉、そしてあなたの愛する人、もの、技術、能力、すべてはこの世界に置いていかなければならないのです。この肉体さえ、置いていかなければならないのです。

先ほど述べましたように、ヒマラヤの聖者は、人間が真に生きる目的を発見しました。**この人生は真理を発見するために与えられたのです。あなたはそのために生まれ、生きているのです。**ただそれを自覚していないのです。

カルマを浄め、進化していき〈ほんとうの自分〉に出会うために、輪廻転生を繰り返して生まれてきたのです。そして、生きながら学んでいるのです。しかし、多くの人は人生のほんとうの目的を知らずに、生きる体験の学びの中でカルマを積んで、苦しみをもつくり出しています。そして、心と体の喜びを追求することが幸せであると思い込んでいます。

魂をカルマの蓄積で曇らせていき、〈ほんとうの自分〉から遠くなる生き方をしているのです。そうしたことに警鐘を鳴らし、あなたが目覚めることをヒマラヤの聖者は伝えています。そして、祈り、この地球を人間のエゴで曇らせないように守っているのです。

死は終わりではなく、永遠の存在があなたです。そのことを知らないので、人は不安で、この世界に満足を求めるのに必死なのです。

人生は壮大な循環の中にあり、死は通過点にすぎないのです。そして、誰もが執着があり、死ぬことを怖がっています。しかし、この体は洋服のようなもの、死ぬときはこの世界に体を脱いで置いていくのです。

ヒマラヤ秘教はあなたに生きる目的を伝えます。正しい導きで修行をしていくと、あなたは死が怖くなくなります。心と体を浄めつくして、体と心を超え、死を超え、〈ほんとうの自分〉になるのです。

ヒマラヤ秘教の不思議な力を
知っていますか？

もうがんばらなくても
無理をしなくても大丈夫。
〈ほんとうの自分〉につながり
その力を引き出すのです。

人は責任感を持って、社会の中で一生懸命がんばって生きています。期限が迫ったり、納期が間に合うようにと、疲れてクタクタなのに弱音も吐かず、「逃げたら負け」と自分に鞭打《むちう》ってやっていきます。

がんばることは決して悪いことではありません。がんばらないと会社もだめになりますし、本人も実力がつきません。目標に向かって努力する姿勢は素晴らしいことだと思います。でも、そのために病気になったり、最悪の場合、自分の命まで落としてしまうのでは意味がありません。

まわりの人より結果を出すために、がんばらないといけない。

人よりいい生活を送るために、今は我慢しなければいけない。

このままの自分じゃいけない。変わらなければ。

そうやって走り続けることで自分を苦しめ、追い詰めてしまっていることもあるのではないでしょうか。

また、私はがんばっているのに、私には神がついていないと思ったりもします。

自分に自信が持てないため、気をつかってよく見せようとして無意識のうちに無理をしている人もいるかもしれません。

昇進や、今より多い給料を得るといった目に見える形でしか、自分の価値を認めることができないのです。

ライバルに負けたくないという競争心や、断れないという優しい性格から、どんな無理難題も「できません」とは言わず、一人で背負い込んでしまう人もいるのではないでしょうか。

残業、残業で、休日も働き、趣味を楽しむことも家族や友人と遊びに出かけることもない……。とにかくほかの道が考えられない、あるいは成績や結果を出すのが大事になってしまっているのです。

がんばることは美しいことのように見えますが、命が疲弊しているのです。単に心と体の願いで、がんばっているにすぎません。言い換えればどこかに負けたくないという、つまりエゴの力でがんばっているのです。それは、神や真理を遠ざける生き方で、ほんとうの幸せとは言えません。

そして、がんばる人は、ほんとうは疲れて元気がないのに「大丈夫!」と自分に言いきかせたり、無理をして「私は、できる!」と暗示をかけるようなポジティブ・シンキングに依存しがちなのです。確かに、ネガティブなエネルギーをブロックすれば一瞬はパワーが出ます。けれど、その反動で、あとでドッと落ち込むこともあります。

不安や心配、怒りなどのネガティブな感情を持つと疲れますが、いつも前向きなポジティブなエネルギーでも疲れるのです。

昨今、ポジティブ・シンキングとか、心を強める、エゴを強めることが良いという考えがありますが、それを続けていくとやがて疲弊してくるので気をつけなければならないのです。

真理の道は、一生懸命やることは良いことで厳しい修行がありますが、それはエゴをはずし、源に還り、悟りに向かいパワフルになるのです。一般の仕事や、才能を磨く芸事も一生懸命でいいはずなのですが、それは一方で心を強め、エゴを強め、消耗することでもあります。また、心が悲鳴を上げて、ストレスで衰弱することもあります。

そして、良い結果を出さなければならないということで、中には体や精神を壊してしまう人もいます。どうリラックスするか、加減がわからないのです。

また、みんな楽になるために、いわゆる自由な生き方と称して快楽に走るのは、エネルギーを消耗させたり、あとでいろいろなカルマが返ってきます。自分を高める良いカルマを積んでいくことが大切です。今の自分を知り、思いやりを持って自分を愛し、大切にすることです。

生命力を消耗させるのではなく、高めること。ヒマラヤ秘教がそうした命を再生する秘訣を知っています。

命の源泉である源につながり、そうして信じることで無限のパワーをいただきながら仕事を行えばよいのです。

多くの人は、見えないことを信じることを否定して、ただ自分の心のレベルでがんばっているだけなのです。

私たち人間には生まれながらに純粋な存在があり、神につながる存在があります。それが、宇宙の智慧と無限の可能性を秘めた〈ほんとうの自分〉なのです。

〈ほんとうの自分〉の力は絶大です。そこにつながり、それを信じ、その力を引き出して生きていけるのです。

ヒマラヤ秘教は、シッダーマスターに神と〈ほんとうの自分〉につなげていただきます。神、〈ほんとうの自分〉を力強く信じ、そこにお任せすれば、あなたが必要とするものがあらゆる方向から集められるのです。

そして、人生があなたの望む方向に進んでいきます。ヒマラヤの恩恵はあなたをリラックスさせて、智慧と愛をもたらし、より優れた心と体のつかい方ができる秘法を伝えているのです。

過去を否定し、
つらい経験にこだわってはいませんか？

神はあなたを見捨てません。
逆境の中にこそ
より良く生きるヒントが
隠されているのです。

転んで膝小僧をすりむいたとしても、二、三日放っておけば自然に治ってしまいます。私たちの体に備わっている自然治癒力です。

薬や医療の力を借りなくても、私たちの体は生命を維持しようとする力やゆがんだ状態を修正しようとする不思議なパワーを秘めているのです。

どんなに科学や医学が進歩しても、人間の手でこの体と同じものをつくるのは絶対に不可能です。体とは、なんと緻密《ちみつ》で精巧《せいこう》で、そして神秘に満ちているのでしょうか。

この素晴らしい体は、万物創造の主である神からいただいたものであり、神の一部である魂が宿る神殿です。神からお借りしたものですから、決して自分のものではありません。つかわせていただくという謙虚な意識と感謝の気持ちを忘れてはならないのです。

大切な借り物である体を、体への思いやりもなく無知でつかっているのです。感謝が足りません。愛が足りません。アルコールや煙草、暴飲暴食、夜更かしなどの不摂生を繰り返しているかもしれません。体へのストレスで疲れ果ていることもあるかもしれません。仕事に明け暮れ、体が疲れ切り、寝不足になったり、運動不足になったりしているかもしれません。

このように無意識に自分で自分の体に負担をかけているのです。そしてその挙句、病気になったときには「なぜ私だけがこんな目にあうのだ」と嘆くのです。

確かに病気になると、苦しくつらいものです。しかし、神はあなたを見捨てたわけではありません。病《やまい》はあなたの疲れた体を治そうとしてくれているのです。また「働きすぎだから、少し体を休ませなさい」「生活習慣を見直すべきときがきたのです」などという神からのメッセージなのです。

「自分は悪くない」と自己弁護して病気を運命や神のせいにするのではなく、こうなったのはなぜかを自問し、そこで得た気づきを学びに変えていきましょう。そして、気づけたことに感謝しましょう。

病気以外にも、**人生で起こることは、神が与えてくださった気づきの連続です。起こった出来事には必ず意味があるのです。**

親から虐待を受けて育った人が、大人になってから同じように虐待を受ける子どもたちを救済する活動を始めることもあります。ひどいアトピーで苦しめられた人が、後に治療薬の研究に邁進《まいしん》することもあります。逆境が、自分の天職やライフワークに気づかせてくれるのです。

すべては無駄ではありません。しかし、そうしたことの理解を深めるだけではなく、それを超えることが必要です。苦しくつらい経験を感謝して認め、それを超えなければならないのです。いつまでもそのことにこだわるとそこから卒業できないのです。

心は同質のものを引き寄せる磁石のような性質を持っています。過去を否定すればするほど、忌み嫌うものにかえって縛りつけられてしまいます。

病気、事故、失敗、苦手な人間関係、金銭的苦労……。どんなことにも、これからのあなたがより良く生きるためのヒントが隠されています。

すべては学びです。こうしたことに気づき、超えていくのです。神性さを目覚めさせ神のクオリティを育てて生きる。それがヒマラヤ秘教の実践法です。

お互いに助け合う関係がありますか？

自己防衛で生きるのではなく
お互いに助け合う関係に
成長していきましょう。
人は進化の旅を続けています。

人は社会生活の中で心をつかい、ストレスがたまります。豊かさを求め、心に競争があり、エゴが強くなっていきます。そこにはつねに勝ち負けがあり、苦しみがあります。そこで少しでも楽になるには、心と物事の関係が気持ちよいものになるといいのです。

感謝の関係です。**人と人との関係が、お互いに助け合い、尊敬し合う関係がいいのです。**心はつねに欲を持っています。くっつける働きです。期待する磁石を持っています。それが手に入らないと、悲しかったり、悔しかったりと、エゴが苦しみます。人はつねに満たされないのです。

それはものを代償にしていますが、実は心が寂しいのです。自分を褒《ほ》めてくれる人、自分を慰めてくれる言葉を欲しています。それが得られないと心を閉じます。そこに恨みが残ったりすると良い人間関係にならないのです。あるいは誰かに甘え依存して、一方的にやってもらう関係になります。

そうではなく、お互いに人間として成長する関係になることが大切です。大人として、やってもらったことに対して感謝でお返しをしていくという関係が必要です。「あのときに助けてもらったから、次は私が助ける番」というように。思いやりを持って行動していくことは素晴らしい進化なのです。

仏教に六道輪廻《ろくどうりんね》という教えがあります。この教えももとはヒマラヤ秘教にルーツがあります。人はカルマの結果、それに応じた世界に輪廻転生するということを示しています。それは人間の心の進化でもあるのです。

恐れや欲をどんどん膨らませていき、セルフィッシュな自己防衛的な生き方を続けるのではなく、神聖さに目覚め、カルマを積まないで自然に与え合う関係に成長していくのがいいのです。すべてはカルマの法則であり、原因があって結果の実を結びます。その報いを人は受けていきます。

輪廻の道は六つあります。自分を守るため無知から人を暴力で傷つけるなどの悪いことをすると、罰として地獄道に生まれ、そこでは針の山とか、灼熱のような暑さに苦しむとか、病気に苦しんだり、人間関係で四面楚歌のような状況になる苦しみもあることでしょう。

餓鬼道という、つねにお腹を空かし飢えていて、食べ物にありつけない世界に生まれることもあります。ほんとうはもっと捧げる生き方をしていかなければならないのです。

畜生道に生まれると、本能のままに生きて争います。意識が低く、人の言うことがわからず、そこにはまり、進化のための修行ができないのです。

あるいはいつも怒りを持って争っている阿修羅の世界に生まれるという苦しみを味わうのです。

これは、人間の姿をしていても、そういう性質を持ってしまうということもあるのではないでしょうか。何か窮地に陥ると、誰もが大なり小なり、イライラしたり、怒ったり、そうしたことを体験します。普段の平常な環境と違うと餓鬼のようになったり、乱暴になったり、動物のような心になるなどの気質をどこかにひそめているのかもしれません。

人は何億年もかけてそうした生命の生まれ変わりを体験して、人間となり成長してきたのです。人間界に生まれて完成かというと、まだ成長していくのです。心身を正しくつかう生き方をして進化していく学びがあるのです。

心をいただいた人間には欲があります。それがクリエイティブに良いものをつくる一方で、地球を破壊し、戦争を起こしています。個人のレベルでも喜びと共に、四苦八苦の苦しみがあります。

それは生きること、老いること、病気になること、それに死ぬことの苦しみ、さらに四つの苦しみが加わって八苦があります。愛する人との別れ、憎い人との出会い、得られない苦しみ、願いが叶わない苦しみです。

良いカルマを積むと死んで天界に生まれますが、カルマを浄めてそれを超えていないと、苦しみの世界に生まれるのです。つまり六道輪廻を繰り返す可能性があるのです。

ヒマラヤ秘教は、〈ほんとうの自分〉に出会いカルマを解消していく教えです。ディクシャを受けて永遠の存在、〈ほんとうの自分〉につながります。

人は人間界に生まれ、さらに進化して菩薩、天使となり、さらにはそれらを超える悟りの世界へと進むのがよいのです。

人間はギブアンドテイクを行い、お互い持ちつ持たれつのいい関係です。

しかし、利己的な、欲望の生き方になっていることもあります。

そこからさらに成長して感謝し、シェアできる人間になっていきます。人間性を高める生き方です。しかし、いい人を演じてそれを行うと、ストレスで大変な状況になっていくのです。でも、どうしたらほんとうの成長ができるのか、ほとんどの人が、いまだわからないのが現状なのです。

人間関係はお互い信じ合います。良いところを認めます。与えたら与え返すという関係です。これで円滑に社会が回っています。

私が提案するヒマラヤ秘教の恩恵を受ける生き方は、あなたを進化させる素晴らしい実践の教えです。意識を進化させ、魂が輝く人になっていくのです。それは神を信じ、自分を信じていき、さらに愛を与える生き方、菩薩の生き方、悟りをめざす人の生き方です。信仰心を持って心を浄化して、純粋にしていき、真理を知っていくのです。

あなたの中に
大自然があることを知っていますか?

大自然のように生きましょう。
見返りを求めず、ただ与えましょう。
そうすることで、
あなたの中の「神の回路」が開きます。

人間はギブアンドテイクの関係、与えたら返してもらってバランスを取ります。物質界の在り方は、そうやって交換があってバランスが取れるものですが、この発想が少し、見返りを求める心に感じられます。

あなたが進化する生き方は、さらに捧げる生き方です。なぜならほんとうのあなたはすでに満ちていて、あふれんばかりのエネルギーと愛があるのです。宇宙的愛をつかい、相手からよく思われたいとか、褒められたいとか、見返りを期待しないのです。ただ自分が捧げることで、執着が取れて浄化され、自分が逆に恵みをいただけ、神聖な人になるのです。それはエゴの心を薄める効果があります。

無償の愛といえば、お母さんが子どもにかける愛情を思い浮かべる人もいるでしょう。女性には子供を産み育てる期間に慈愛が出現します。

私が伝える無償の愛は、心を浄めて現れる魂からの宇宙的な愛のことです。

この体は小宇宙であり、神が創造した大宇宙と同じ要素でできています。宇宙とは自然のこと、つまり体は自然で、自然は見返りを求めません。

太陽は光り輝き、生類の命を輝かせています。川の水、雨の水も植物、動物に潤いを与えています。火、風、空のエネルギーもそれぞれ無償のエネルギーを与えています。見返りを求めない、それが自然の力であり、自然の法則です。

それは神からの恵みです。


あなたは源につながり、神を信じ自分を信じ、そして神にサレンダーするのです。エゴが落ち、やがて〈ほんとうの自分〉と一体になっていくのです。

大自然には、与え合ってバランスを取っている姿があります。意識の進化は大自然のように無心でただ与えます。人を助け、親切にします。

ものやお金などに依存して、「これさえあれば幸せになれる」と思い込んでいたものを、あなたが神につながり手放すのです。

人に真の幸せがあることを伝えます。人のために祈るのです。あなたの無償の愛をつかうのです。通常、人は、心と体を自分と思っています。エゴが心と体をコントロールしています。心の命令のまま「これは私のもの」と依存して、抱え込んでいるのです。自分を守ろうとしているのです。

あなたが布施と奉仕をして捧げることで、神の領域の回路が開きます。愛がほとばしり出て、エゴが薄らぐのです。慈愛の人に変容していくのです。

あなたの純粋なエネルギーは、まわりの人を純粋にします。また純粋な波動の人々が引き寄せられてきます。「類は友を呼ぶ」という言葉通りです。

あなたは誰からも愛される、好かれる存在になるでしょう。あなたは純粋になり、神に抱かれ愛されるのです。あなたは源につながり、神を信じ、自分を信じ、何ら孤独を感じることはないのです。

まわりの人を助け、また善行をします。そうすると成功に導かれるのです。利己的な世の中から、与え合い、助け合う世の中、争いのない世の中、戦争のない世の中にします。あなたの行為と祈りと生き方が、地球を浄めます。あなたの家族、先祖が神からの祝福をいただけるのです。そのことで智慧をいただき、愛をいただき、生命力に満ち、すべてに満たされるのです。

お金に対して不安を持っていますか？

無心で働きましょう。
心配しなくても、
必要なお金は自然に
ついてくるものです。

給料は安いし、貯金もない。このままでは老後はどうなるのだろうと心配している人もいらっしゃるかもしれません。幸せになる方法は、お金を手に入れ、物質的に豊かになることだと考えているのです。

では、お金はいくらあったら幸せになれるのでしょう?

実は、この質問に対する正解はありません。お金に不安を持つ人は、たとえ宝くじに当たったとしても、減ったらどうしようと不安なのです。**不安の原因は金額ではなく、心にあるからです。**

欲望とは果てしないものです。欲望を追い続けるのは、目の前にぶら下がったニンジンを追いかけて同じところをグルグルまわるメリーゴーランドのようなものなのです。これではどこまでいっても満足することのないむなしい人生です。いくらお金を持っていても、幸福とは呼べません。

お金の不安は、過去に原因があることが多いものです。

たとえば、子ども時代、両親がお金のことで毎日のようにケンカをするのを見て育ち、お金がないと幸せになれないという恐怖心や飢餓感が植えつけられてしまったのかもしれません。あるいは、お金のあるなしで人の態度が変わるのを、悲しい思いで見た記憶が原因かもしれません。

お金にまつわる人の心には、憎しみや葛藤、憧れなど、さまざまなカルマがこびりついているのです。

こうしたお金に関するカルマも、ヒマラヤ秘教のディクシャを受けることで浄め、癒していくことができます。そして、信じて修行することで、やがてあなたの内側にある穢《けが》れのない透明な状態、神の祝福が降り注ぎ愛に満ち、豊かさに満ちた至福を体験することができるでしょう。

〈ほんとうの自分〉とつながり、〈ほんとうの自分〉を信じることで、さらにそれになっていく、ヒマラヤシッダー瞑想をはじめとする修行をしていくのです。不安や心配、恐怖心が溶け出していきます。お金に対する執着が消え、いたずらにお金に翻弄されることもありません。

あとは、誠意をもって自分の仕事を行っていきましょう。

どんな職業につくかは、カルマに刻まれたその人の得意なことや興味、能力によって違いますが、いずれもご縁があっていただいた仕事です。どんな仕事にも価値があり、貴賤《きせん》はありません。

ヒマラヤ秘教の教えで心が浄まり、よけいなことを考えないですむようになります。潜在能力が開発されると直感が動き出します。いいアイディアが湧いたり、これまで否定的な思いでブレーキがかかり時間がかかっていたものが短時間でできるようになることもあります。

働くことが楽しくなり、やりがいを感じるようになるでしょう。これが〈ほんとうの自分〉の聖なるパワーの素晴らしさなのです。

日々感謝して、あなたの持っている能力や思いやり、優しさなどを与えるつもりで目の前の仕事に無心に取り組みましょう。心配しなくても、必要なお金は自然についてきます。

執着をはずす方法を知っていますか？

信じましょう。
与えることの幸福感は、
実際試してみれば、
すぐにわかります。

「お金だけがすべてではない」と言い切るつもりはありません。

生きるためにはお金が必要です。

衣食住という生活に必要なものを購入しなければなりません。より便利で快適な暮らしを求めれば、それなりのお金も必要です。快適で有意義な人生を送るには、趣味や学びのための費用もある程度いるでしょう。現代社会で生活する上で、お金は大切に利用せざるを得ないものなのです。

お金自体には良いも悪いもありません。ただ、その付き合い方が問題です。

エゴの競争によってお金を奪い合い、かき集め、減らないようにと防衛するばかりでは、人間の精神は堕落してしまいます。欲と執着の渦《うず》に取り込まれ、人々が互いに不信感を持ち、傷つけ合うような社会となり、真の幸福や平和とはかけ離れてしまうのです。

才能のある人はその才能を思いっ切り発揮して、それをもっと世の中のためになることにつかっていくとよいのです。

自分に能力があり、それが人類の役に立つなら、ひとり占めにするのではなくそれをシェアしていきます。分かち合うのです。また企業も優良企業になるように努力し、個人はさらに人を助ける生き方をしていくとよいのです。

ヒマラヤの教えは、お金そのものを悪とするものではありません。

ヒマラヤ秘教はこの地球上にお金という概念が生まれるはるか昔から、「幸せは内側の本質からくるもの」という宇宙の真理を教えているのです。それは、世の中が表面的にどう変化しようと、この五千年間ずっと変わりません。また、真理は富める者、貧しき者にかかわらず、すべての人に共通するものです。

私たちは、目に見える体と、その中にある心以上の存在です。心の内側奥深くに個を超えた神の大きな智慧の泉が湧いています。そこにしっかり信頼でつながり、そこからのパワーを引き出せるのです。

お金への執着があることで苦しむのです。その執着をはずし、それよりも大切な価値を持つ生き方をすることで人間は真の幸福に近づくことができるのです。

その執着をはずす方法の一つが、「与える生き方」です。

心はものを求めようとし、つねに不足を感じ、不安を感じています。そして、集めたものに執着することで安心しているのです。しかし、このことが、奪い合いや貧富の差をつくったり、苦しみをつくったりしているのです。そして、集めたものはそのときだけ満足し、あなたを深いところから満たすものではないのです。もっと、源につながり、本質の豊かさを手に入れて、依存や執着をはずし、心のこだわりから自由になっていきましょう。無限の愛を目覚めさせ、その愛を育むのがよいのです。

これまで「人にあげるのはもったいない」「あげれば、自分の分が減る」とかたくなに守っていたお金や大切なものをシェアしたり、布施をしたりして、手放し、差し出し、解放しましょう。

お金の執着を取るために、貧しい人や、病気の人をお世話する慈善団体などに寄付するのもよいでしょう。

人を真に幸せにする、正しい心で行っている活動に寄付をするのもいいでしょう。

私は、ワールドピース・キャンペーンという世界平和運動を長く行っています。人々の意識を目覚めさせ、苦しみから救う運動を行っています。シッダーディクシャというヒマラヤ聖者からの究極のサマディの祝福を与え、エネルギー伝授を行い、人々のカルマを浄め、良いカルマにして、それを超えるように、究極の悟りからの智慧と愛のシェアで目覚めさせています。その人を〈ほんとうの自分〉につなげ、変容させて意識を進化させ、生まれ変わらせています。

さらに最速で変容して、意識を進化させるヒマラヤシッダー瞑想の秘法を伝授して、多くの瞑想者をつくっています。

人々が生涯、この体と心を用いて、祈りと瞑想を行うことで、この地球が癒

詳細・お申し込みは裏面へ▶

され、社会が平和になり、自分自身が平和になり、また家族や先祖が平和になるのです。平和の人になり、生き方が変わるのです。

このように人々の意識が進化して、平和の人、智慧ある人に生まれ変わらせる運動を行っています。

この啓蒙運動のために真理から智慧を分かち合い、本を何冊も書いています。本を読んだだけでいろいろな疑問が解け、多くの人が救われて平和になり、生きる力を得たという喜びの声を聞いています。本書は最も大切な〈信じる〉をテーマに書いています。それがあってすべてがうまくいくのです。

こうしたことを理解してくださる方が多くなることを願っています。そして、多くの方が個人個人の魂を目覚めさせ、心身を浄化するために、より良いヒューマニティを培うための正しい行いをして、ヒマラヤシッダー瞑想をしていただきたいと願っています。

そのために平和の瞑想センターの建立を願っています。人々が集い、そこでより良い人格になるための修行を行い、〈ほんとうの自分〉を信じ、祈り、瞑想し、日本が繁栄して、世界が平和になるためにです。それはこれからの子孫のために行っているのです。

その活動と世界平和の祈りと瞑想センター建立のための布施と奉仕は、その方の功徳となって、その人のカルマを浄め、運命を開き、成功をもたらすという形で、還ってくるでしょう。

この日本を良くするための善行の機会は神の願いであり、ヒマラヤ聖者の願いであり、魂の願いです。そして、深いみんなの魂からの愛と喜びなのです。

こうしたことが具体的な善行の機会となります。**「捧げる行為」で心の執着がはずれ、広い心になります。**意識が進化するのです。神聖な存在からの祝福をいただいて、これまでの奪い合いや、貯め込もうとする執着がはずれ、欲を手放して捧げる、分け合うというエネルギーに変わっていきます。

特にお金は、人が最も執着しやすい欲望の象徴です。このいちばん大切なお金を分け与えるからこそ、効果は絶大なのです。

お金が減るのは嫌だと思うかもしれません。けれど、実際差し出してみると、多少減ったところで、自分は何一つ困らないとわかるはずです。

それよりも、内側の浄化が進むことでパワーがみなぎります。仕事に対するやる気も以前より高まり、効率的に働けるので、臨時収入が入ることもあるでしょう。

また、見返りを求めてしたことではなくても、相手から喜ばれ感謝の言葉をいただくこともあります。そうした感謝の波動は、あなたにこれまで経験したことのない幸福感や心地よさを運びます。**与えることで、あなたの内面は逆に豊かに変容していくのです。**

半信半疑のようでしたら、一度無理のない範囲の金額で試してみてはいかがでしょう。貯金通帳の残高に一喜一憂したり、ケチケチ出し惜しみしていた自分が、なんとバカバカしくちっぽけな存在だったかに気づくことでしょう。

今あるものに感謝をしていますか？

ほんとうの幸福とは、
今あるものに満足し、
感謝する生き方を
選ぶことです。

カルマの欲望は、カルマの記憶の感覚の働きに刺激されて引き起こされるものです。

たとえば、甘いお菓子を食べると、その味覚の記憶は心にカルマをつくります。その後、お菓子を見ることで再びあの美味しさを味わいたいという欲が生まれます。これがまた執着となってその体験を繰り返し求めるのです。

私たちが、あれが欲しい、これが欲しいと物欲に走るのも、こうした過去の心地いい感覚、楽しい感覚を忘れられないからです。

カルマの欲望に命ぜられるまま、この社会はもっと便利なもの、もっと快適なものをつくり続け、それが文明を築きました。最近ではAI(人工知能)の登場によって、人々の暮らしはさらに効率よく便利になっています。

豊かな生活は決して悪いことではありません。けれど**欲望のままに「まだ足りない」と飢餓感を募らせるのはカルマをよけいに積むことであり、私たちを幸せに導くすべての力を与える源の〈ほんとうの自分〉にアクセスしにくくなってしまう**のです。ほんとうの幸せから遠くなるのです。

ヒマラヤ秘教の真のヨガの教えには、「貪《むさぼ》りを禁ずる」という道徳的ないましめがあります。

そのためヒマラヤの聖者たちは、カルマとなる感覚そのものと、心の欲望をコントロールしてそこから自由になる修行を発見しました。それは平和と愛の心を育みます。その修行の究極にサマディ、真理の悟りがあるのです。それはすべてを超えて自由な意識になります。

人の欲望は、感覚の刺激によって引き起こされます。また、それによって苦しみや楽しみが呼び起こされます。視覚から、聴覚から、触覚から、味覚から、嗅覚《きゅうかく》からと、五感の働きで、心が働き出します。

こうした感覚は必要なのですが、そこにつながる心の記憶も引き出してしまいます。そして喜びに執着したり、あるいはいたずらに心の苦しみを誘ったりすることもあります。

ですから、**私たちは進化していかなければなりません。気づきの心を進化さ**

せて、心をコントロールして不動の心をつくるのです。もちろん自分を変えると共にまわりも変わるようにしていくのです。

インドでは悟りを求め、精神的に成長するために世俗を捨て出家した「サドゥ」と呼ばれる人々が、シヴァ派という伝統的なグループのみで約二千万人、そのほかのグループを入れると一億人以上もいるのだそうです。

その修行者たちの中には、人と会わずいろいろな修行をしている人もいます。中には沈黙のまま暗闇の洞穴に暮らし、苦行を行う人々もいます。こうしてカルマを浄め、根源の存在、神と一体となることをめざすのです。

もちろん、一般の人たちがガイドなしでそのような厳しい修行をすることはできません。

私は、ヒマラヤ秘教の教えを実践して、究極のサマディに達しました。そして今までの五十年以上の修行により、最高の悟りのレベルからの智慧と実践法をあなたに紹介しているのです。

また、若返りと意識の進化のための合宿を行い、瞑想を深めることも行っています。

まず、心があなたを振りまわしていることに気づきましょう。そして、不足ばかりを数えるのはそろそろやめにしましょう。

瞑想をして、感覚をコントロールし、カルマを浄化して空っぽの心を体験していくといいのです。深い自分を愛すると、物事へのこだわりが自然に落ちていきます。

老子は「足るを知る者は富む」という言葉を残しています。ほんとうの意味で豊かな生き方とは、今あるものに満足して感謝する生き方なのです。

もしも、動物に生まれたらどうでしょうか。今いかに恵まれているかを考えます。見ることができ、理解することができ、話をすることができる。こうしたことを当たり前に思うのかもしれませんが、心をいただいたので気づくことができ、さらにもっと進化する修行をすることができる力があるのです。

そして今、与えられているこの体や心の機能に感謝し、正しく使っていきます。そうした与えられている当たり前のことに感謝しましょう。**あるものに感謝することが、欲を消し、執着を手放すコツでもある**のです。

「与える生き方」をしていますか？

「与える」ことは
神の本質であり、
人間の本来の生き方。
「与える」ことは
喜びなのです。

あなたの職場やコミュニティに、不機嫌な人はいませんか？
いつもイライラしていて、何か言われると機嫌を悪くしたり、ふさぎ込んだり、感情的になったり、黙ってコンタクトできなくなったり。こんな人が一人でもいると、まわりの人は疲れます。

相手が上司や目上の人なら萎縮してしまうし、部下や目下の人であっても、腫《は》れものに触るように顔色をうかがったりしなければなりません。

要するに不機嫌をまき散らす人は、まわりの人に気をつかわせることでみんなのエネルギーを奪っているのです。

しかし、当人は相手が悪いと思って、そうしたことがわからないのです。自分が外からどう見えるのかがわからないのです。

それは、結局いいエネルギーをまわりから奪っていることになるのです。

そうした人の特徴はさまざまです。

●自己防衛で他人を傷つけることを平気で言う、気づきがない

●妬みや不平不満、グチを言う、相手の気分が悪くなることに気づかない
●人を否定したりバカにしたりする、自己防衛で、自分を優位に立たせる
●すぐに人のせいにする、それで自分を守る
●人に依存する、嫌なことを人に頼む、自分でやらない

また、いつもくよくよと落ち込みがちで悲観的な人も、自分では気がつかないうちにまわりを心配させ、「奪う人」になってしまうことがあります。

人間はたった一人で生きているわけではありません。人とのご縁の中で生かされている存在なのです。本人は人に迷惑をかけているわけではないと思っても、あなたのネガティブな波動が人のやる気を失わせることもあるのです。

奪う人は悪いカルマを積むことになりますので、気をつけなければなりません。

人間関係では、いつも相手の立場を考え、愛を「与える人」でありたいもの

です。

●いつも優しく明るく元気
●人を助ける
●肯定的な、ポジティブな言葉をつかう
●つねに感謝する
●笑顔と微笑み

など、与えるというのはお金や労力だけではありません。まわりの人にポジティブなエネルギーを与え、良いカルマを積んでいくのです。

あるがままでいいということがあります。無理をしないということです。もちろん人と人が仲良くするには心もつかい、感じよくということもありますが、度がすぎて演技になって、気をつかい疲れる人もいます。もっと自然がいいと思います。

口下手とか、人が苦手という人は、さらにその原因を追究して、自分を愛し、人を愛するように、意識を進化させていきます。人を尊敬すること、人の良いところを見るようにするといいのではないでしょうか。何かのトラウマがあるとなかなか、人を恐れたりして、うまく人間関係が築けないかもしれません。

みんな出どころが同じです。あなたが変わることで、すべてがうまくいくのです。

あなたの根源に無限の愛があります。それを目覚めさせていきます。そうすることでより良い人間関係を築けると思います。

人の源には平和があり、愛があります。そこにつながり、それをシェアしていくことです。**与えることが、私たちの創造主である神の本質でもある**からです。

太陽の輝き、雨の恵み……。神や宇宙、自然はつねに惜しまず与えています。神の一部である私たちもまた、与えることが本来の生き方であり、喜びなのです。恐れより愛を選択するのです。

「～であるべき」「～ねばならない」の価値観に縛られていませんか？

自分自身や
まわりの人も苦しめる
「～すべき」「～ねばならない」
を手放しましょう。

こだわりの食材、こだわりの水など、「こだわり」は厳選された良いものというイメージがします。けれど、人間の生き方に関してはどうでしょう？

たとえば「父親とはこうあるべき」「女性とはこうあらねばならない」など、特定の価値観にこだわれば、そこにがんじがらめにされて、自分の本来の才能や個性を生かせなくなることもあるでしょう。

「いい大学へ入らないと将来一人前になれない」と、親のこだわりを押しつけた結果、子どもに劣等感を植えつけてしまうこともあります。

ある人は、せっかく希望の会社に就職できたのに、自分のこだわりからストレスで体調を崩してしまったといいます。

「社会人たるもの絶対に弱音を吐いてはいけない」と自分を戒《いまし》め、困ったときにもまわりに相談しませんでした。周囲の「手伝おうか」の声にも「大丈夫です」と自分の力でなんとかしようとしたのはいいのですが、結局疲れと焦りで大きなミスをしてしまったのです。

もともと真面目で優秀だったため、ミスをしてしまった自分を認めることができず、上司に叱責されても素直に謝罪することもできなかったそうです。体調を崩したのは、そんなふうにこだわりが空回りして自分を痛めつけてしまったからでした。

何かにこだわることは、その人にとって「こうありたい」という目標であり、それに向かって努力することで成長できるという良い面もあります。ただ、それも度がすぎれば、自分自身や時にはまわりの人まで苦しめてしまうこともあるのです。真面目であることにこだわりすぎるのもまわりを緊張させてしまうのです。適度にいい加減な人が、楽そうに生きていることがあります。人を楽にさせるエネルギーがあるから、運が寄ってくるのです。

このようにこだわりが強かったり真面目すぎたりするのも、過去のカルマから自動的にスイッチが入ってしまうからです。やめようと頭で思っても、なかなかその通りにはいきません。

ヒマラヤシッダー瞑想を行ってみてください。高次元のエネルギーでカルマ

を浄化することで、あなたの価値観や心のこだわりが次第に薄まり、自然に手放すことができます。まるで憑《つ》きものが落ちたように、どうしてあんなことにこだわっていたのだろうと身も心も軽くなることでしょう。

それに、考えてみてください。そもそも、あなたが寝ているあいだに心臓を動かしてくれているのは誰なのでしょう？　生きていくのに必要な太陽や空気、水を与えてくれているのは誰なのでしょう？

私たちは目に見えない大きな存在に生かされているのです。

私たちに命を吹き込んでくれたのは、宇宙であり神なのです。

その大きな源には、あなたの心が考えているような「～であるべき」や「～ねばならない」の価値観のルールは何もありません。

真理、神を悟るのです。神の世界にはすべてがあります。そこにつながると無限の可能性が湧いてきます。そんなに無理をしなくても、そのことを悟れば、誰もがもっと楽に自由に生きられるのです。

相手が変わることばかりを
求めていませんか？

人間関係は
カルマが仕組んだ学びのチャンス。
相手が誰であれ、
出会えたことに感謝しましょう。

良い行いをすれば、良い結果が返ってくる。

悪い行いをすれば、悪い結果が返ってくる。

これはこれまで書いてきたカルマの法則、つまり仏教的に言うと因縁の法則ですが、人間関係もこの法則が働いています。つまり、**今ある問題の原因は自分の中にある**のです。

たとえば夫婦関係では、多くの人がパートナーに不満を抱いているようです。夫が妻に「ネチネチ文句を言わないで欲しい」「給料が安いことで嫌味を言わないで欲しい」などと注文をつければ、妻も夫に対して「家事を手伝ってくれない」「話をちゃんと聞いてくれない」と不満だらけです。そしてケンカになれば、お互い「悪いのは相手」と責任を押しつけ合うのです。

けれど、妻の機嫌が悪いのは、あなたが「ただいま」のひと言もなく帰宅し、仏頂面で新聞を読んでいたからではないですか？

夫が家事を手伝ってくれないのは、あなたが完璧主義で夫が洗ったお皿をもう一度洗い直したりしているからではないですか？

このように、目の前の相手に現れた現実の原因は、自分の中にあることが多いのです。**相手の態度は、鏡に写ったあなた**なのです。

夫婦の関係に限らず、どんな人間関係もそうなのです。

相手がイライラして見えるときは、あなたがイライラしているのです。

相手が不安そうな顔をしているときは、あなたが不安そうにしているのです。

自分の気づきを発達させていかなければならないのです。あなたが楽しいことを思い出したりすると、エネルギーが変わることでしょう。同様に、みんなの幸せを祈るとエネルギーが変わります。

みんなが難しい顔で考え込んでいるような会議の席に、あふれんばかりの笑顔で、みなさんご苦労様という感謝の気持ちで入っていきましょう。その場の空気がなごんで緊張感が抜け、みんなの表情もつられてなごみ、楽な雰囲気になっていくでしょう。

鏡をのぞいたとき、あなたの顔に泥がついていたらどうしますか？

それは顔を洗えばいいだけのことです。鏡に文句を言っても仕方ありません。それと同じで、相手は鏡であり、あなたの様子が映し出されているのです。自分が変わると相手が変わるのです。お互いに同じものを引き寄せてしまうからです。

相手に不満があるときは、相手が変わることを求めるのではなく自分を正していきましょう。いくら口を酸っぱくして相手の欠点を指摘したところで、相手は変わりません。まず自分を変えていくのです。

自分が先に変わることで、自分ばかりが損をしていると感じるとしたら、それは違います。損をしたのではなく、あなたが先に学びのチャンスをいただいたのです。気づかせてくれた相手に感謝しなければいけません。このことは、夫婦の関係だけでなく、親子や職場、ご近所の人間関係も同様です。

「袖振り合うも他生の縁」という言葉があります。この人生でかかわる人はたとえすれ違う程度の関係だったとしても、他生、つまり前生から決まっていたことで、カルマが引き合わせたご縁という意味です。

前生であなたの母親だった人が、今生ではあなたの夫となって、過去に十分にかけてあげられなかった愛情をくれようとしているのかもしれません。

すべてはカルマのもとに仕組まれており、そこには必ず意味があるのです。**たとえ苦手な人や嫌いな人であっても、それは神があなたの成長のために出会わせてくれた人。**「この人から何を学べるか？」を考えましょう。それが自分の魂を磨き、進化させる生き方なのです。

ヒマラヤシッダー瞑想をはじめた女性の方から、これまで夫婦ゲンカをして長く口もきかなかったのに瞑想秘法をいただいて帰ったら、旦那さんのほうから声をかけてきたと、驚きと喜びの報告がありました。

それは、ディクシャという瞑想秘法伝授のときに授けた私からのシャクティパットで、その方のカルマが浄められ、変容したからです。そうして別人となり、「今にいるエネルギー」となり、旦那様が思わず声をかけたくなるエネルギーになったのだと思います。

このように**シッダーマスターはあなたの内側のカルマを浄化して、エネルギーさえ変容させてしまうのです。**

通常、自分の心を変えるということはそう簡単ではありません。もちろん人の心を変えることも簡単ではありません。いくら人を許そうと思っても、エゴが恨みや怒りを持っていたら許せないのです。また、相手のほうもプライドがあって謝ることができません。結果、双方が相手のほうが悪いと思い、平行線になります。

それぞれの言い分をカウンセラーに話したとしても、少しは気持ちが楽になるかもしれませんが、変わらないのです。根本療法ではないのです。巷《ちまた》で行われているそのような心のカウンセリングで思い込みを直したり、許したりしても変わることができないのです。

ヒマラヤシッダー瞑想は、それを超えることで、心の価値観から自由になれるのです。そのことをヒマラヤ聖者はあなたに起こしていくのです。

第3章

神にサレンダーすると、最高の自分になれる

「ヒマラヤ聖者の恩恵」を授かることの意味

「神からの恩恵」について
知っていますか？

目に見えないものを
信じて、受け入れます。
奇跡はそこから生まれます。

目に見えるもの以外は信じられない。そうおっしゃる人もいます。

私たちは、ものやお金、地位や名誉など、目に見えるものばかりを信じて生き、そういうものがないと不安で、不必要なものまで必死で集めてきました。

社会問題にもなっているゴミ屋敷の住人は、ゴミですら所有したいのです。目に見えるものしか信じられず、孤独で寂しいのです。だからどれだけ悪臭を放ち、人に迷惑をかけてもゴミを捨てられません。

けれど、考えてみてください。**大切なのは目に見えるものだけでしょうか？**

太陽や月は目に見えても、空気は目には見えません。時間や電波、重力も見えません。しかし、これらは確かに存在し、地球上の自然や私たちの生活に大きな影響を与えているのです。

それに、目に見えないものをすべて否定してしまったらどうなるでしょう？

たとえば、愛情は目に見えません。すると、あなたは恋人から目に見えるプレゼントをもらわなければ、相手の気持ちを信じられなくなるのです。だとしたら、恋愛はすべて計算高く殺伐《さつばつ》としたものになってしまうでしょう。

ヒマラヤの聖者は、五千年以上前に真理を求めてヒマラヤ秘境で苦行をしたのです。インドは大家族であり、そこから出家して、素《す》の自分と対峙《たいじ》したのです。山に行くのにもちろん車もなく、歩いてヒマラヤの聖地に行くのですから最低限のものを持っていくだけです。神と出会うのに何も必要としないのです。

ふつう一般の人が登山するときは、食料を持ったり、寝具を持ったり、大変な装備です。聖者は登山家ではなく、昔の聖者は裸足《はだし》で歩いていました。

ヒマラヤの水は尊いミネラルウォーターであり、自然は母であり父なのです。そこに咲き乱れるハーブを摂るだけでお腹もすきません。そして深く自分を探究し、神と一体になっていくのです。

こうして、社会とのコンタクトを断ち、過酷な自然環境の中で体と心をコントロールし、深い瞑想をし、究極のサマディに達したのです。それは究極の真理と一体になり、究極の悟りを得てシッダーマスターとなったのです。

自分の中に宇宙があることを知りました。**自分の感覚や心を浄化して集中し**

て、そこに見えない不思議な存在に出会ったのです。それは神です。

彼らは、体と心を浄化して純粋になり、さらに心を超えて死を超えることで神と一体となり、真理となって生まれ変わったのです。智慧と愛とパワーの人となり、神となり、神のクオリティを持ち、体と心を消耗させることなく本来の生命力だけで生き続けることができたのです。

ヒマラヤの聖者は究極の成就をはたし、そこから、人々に、自分の中に神という真理があることを伝え、目覚めさせること、真理に出会うことで苦しみから救うという目的を持って、ヒマラヤから降りてきます。

インドでは人々はヒマラヤ聖者からの祝福を受けるために馳せ参じ、マスターに愛を捧げ、家を用意し、みなそこに集います。そうしてシッダーマスターから真理の話を聞き、祝福を受けるために聖者にすべてを与え、愛を与え、手厚くもてなすのです。

私はヒマラヤの奥地に行き、七年間修行をしました。

私自身、ヒマラヤで究極のサマディを成就し、サマディを深めていきました。その後、何年かしてから公開サマディを行い、人々に真理の証明をして祝福を与えました。完全に密閉された地下の洞窟で、四日間ものあいだ究極のサマディ(悟り)に没入して神と一体となり、その後復活したのです。心と体を超えて何もないところで神と共にあったのです。それは死を超える修行であり、そのまま死に至る聖者もいます。

しかし、そのとき私を生かしめたのは、やはり目に見えない純粋な神の存在です。**科学の常識を超えた目に見えない世界は確かにあるのです。**

目に見えるものはつねに変化していくため、そこに安らぎはありません。

しかし、**目に見えない至高の存在である神の力は永遠です。愛、生命力、智慧など、人間が必要とする本質的なものはすべてそこにあるのです。**

神を信じ神と一体となること、それで神の恩恵を得ることができるのです。

私はヒマラヤ聖者となり、死を超えて究極のサマディに没入して真理を悟りました。そして真理からのメッセージを伝えています。少しでも真の幸せになっていただくために真理への道を示しガイドしています。

真理とは〈ほんとうの自分〉のことです。その〈ほんとうの自分〉は目に見えません。**すべては信じることからはじまります。無条件のサレンダー、信じて明け渡すことが大切です。**川の流れに逆らわないように素直になることでパワーが下りてきて奇跡が起きます。

「信じること」の意味が
わかりますか？

究極のサマディマスターを
信じることは、
神を信じることとの
第一歩になります。

ヒマラヤ秘教の教えは、見えない存在、私たちを生かしている存在を信じます。意識を進化させ、完全な人間になっていきます。源の神に出会うのです。

世の中にあるほかの教えは頭でわかろうとする教義を学んで、心をそのように染め上げていく教えです。頑固のまま、さらに頑固にというイメージです。ヒマラヤ秘教は、ヒマラヤ聖者・シッダーマスターの純粋なエネルギーの祝福で、人々を目覚めさせて変容させ、神につなげるのです。

シッダーマスターとは、死を超える深い瞑想から究極の悟り（サマディ）を得て進化し、神と一体（神我一如）となったヒマラヤ聖者のことです。

シッダーマスターは、究極のサマディの成就ですべてを知り、神のエネルギーを持ち、その存在とシャクティパットという祝福で人を変容させ真理に導き、幸せにする力を持ちます。すなわち、シッダーマスターとは、目に見えない神を人の姿に具現化したような存在であり、祝福を与えられる存在です。

私はヒマラヤ秘境で長年厳しい修行をして究極のサマディに達し、シッダーマスターとなりました。シッダーマスターは世界の聖者の中に二人しかいません。一人はインド人のパイロット・ババジ。そしてもう一人が私です。

私は究極のサマディで心と体を完全に浄化して深い瞑想から呼吸も止まり、究極の意識状態に達したのです。死を超え、神と一体になったのです。

それは死ではありません。サマディを終えるとやがて覚醒し、魂は再び肉体に戻ってきます。私は広大なヒマラヤ各地の秘境で毎年サマディ修行を行いました。その後、人々の前で真理の証明のために公開サマディを行ったのです。

この公開サマディでは、過去に何人もの聖者が命を落としています。何百年に一人しか成功しないといわれるたいへんに厳しい修行です。私はこの「公開アンダーグラウンド・サマディ」を、毎年一回か二回インド各地で行いました。三年に一回インドの四か所の聖地で行われる「クンムメラ」という聖者の祭りでも毎回行ってきました。十六年間にわたって通算十八回行ってきたのです。

この究極のサマディを終え、復活して人々を祝福する様子は全インドや海外メディアのＢＢＣやＣＮＮなどでも奇跡の行為として、紹介されたのです。この偉業を一目見て祝福をいただきたいと、公開サマディの復活のときは、何万もの人が訪れたのです。その偉業はずっと讃えられ、人々に祝福を与える存在として多くの信奉者に尊敬をもって迎えられます。

私は、インドの教育機関「知識人協会」から、究極の最終段階のヨガを修めてすべてを知ったということで「宇宙の母」「ヨガと瞑想の母」という意味を持つ「ヨグマタ」という称号を授かりました。

目に見えないものは信じられないとしても、どうぞ私という究極のサマディを修めた聖者の存在を素直に信じてみてください。

シッダーマスターを信じることは、あなたの内側にある神を信じる第一歩です。

私をガイド役とし、至高なる〈ほんとうの自分〉とつながっていきましょう。

あなたはサマディマスターからの祝福が、見えないところから伝播して体が軽く気持ちが軽くなり、何か安らぎ、変わりはじめることができるのです。

幸福感を実感したことはありますか？

積もり積もったカルマの曇りが
溶かされ消えていく。
ディクシャの奇跡を
体験してみませんか？

シッダーマスターが、あなたを神につなげることを「シッダーディクシャ」といいます。エネルギー伝授とヒマラヤシッダー瞑想秘法伝授の儀式です。

それを通して、安心してあなたは内側への瞑想と、未知の世界への真理の旅をしていくことができます。

シッダーディクシャは、シッダーマスターの高次元のエネルギー伝授をいただき、カルマを浄めて内側を目覚めさせ、生まれ変わることです。

ヒマラヤ聖者からそれを直接に受けることは、本来あり得ないことであり、そのつながりで守られ、安心して生きていかれるのです。

究極のサマディマスター・シッダーマスターは、祝福のタッチを行い、神からのエネルギーを伝授します。シッダーマスターの存在そのものから、手や目などからエネルギーが伝わるのです。それを「シャクティパット」といいます。シッダーマスターが直接行う、そうした尊い価値ある儀式は、世界中で、インドでさえも受けられないものなのです。

シッダーマスターにつながり神につながり、信じてその守りと未知なる旅の

ガイドをいただき、真の幸福と、悟りへの道をスタートして、さまざまな修行や各種瞑想の伝授をいただいて瞑想を深めていくことができるのです。

私を通して「アヌグラハ」（サンスクリット語）という神の恩寵のパワーが祝福として与えられます。

こうして何生にもわたって連綿と続いた過去生に、積もり積もったカルマの曇りや澱《よど》みが、ディクシャを受けることで溶かされ消えていき、深い瞑想が起き、奇跡が起きます。**シッダーディクシャの拝受で内側が目覚め、同時に苦しみの原因であるカルマが浄められ変容するのです。**

たとえば、ある女性は結婚生活がうまくいかず、夫に対して怒りや憎しみを抱いていました。日常生活の一挙一動さえも気に入らず、「離婚したい、離婚したい」という思いばかりが渦巻き、毎日を鬱々《うつうつ》とすごしていました。

けれどもディクシャを受けたとたん、そんな気持ちがピタッと止まったそうです。相手が変わったわけではありません。マスターの波動により、彼女の内面が浄められ変容したのです。ディクシャはそのくらい聖なるパワーを秘めたものなのです。

ディクシャによって瞑想をはじめる準備を整え、さらに「マントラ」という聖なる波動を伝授します。

マントラは源に達する波動であり、究極のサマディで発見されたパワフルで純粋な波動です。最初にカルマを浄めるマントラの伝授があり、さらに段階を追って内側に深く作用するマントラが伝授され、運命を良くします。そのほか成功のマントラ、癒しのマントラ、先祖を浄めるマントラ、幸運を呼ぶマントラ、悟りのマントラなどが、その人の修行の段階に応じて、伝授されていきます。これは見えないアストラルのエネルギーを浄め、アセンション（意識が次元上昇して苦しみから解放されていくこと）を実現します。

シッダーマスターの悟りのエネルギーによって、その人の意識は引き上げられ、苦しみから解放されます。心が浄化され深いカルマが浄められて、神と一体となる「ワンネス」の状態へと導かれます。信頼して、ディクシャを受けることで生まれ変わります。

マントラは由緒正しいものでないと危険です。どこかの本やインターネット上にあるようなものでは良くありません。

マントラは「真言」と訳されることもありますが、日本の仏教の「真言」とは違うものです。マントラの拝受は尊いのです。悟りを開いたシッダーマスターによって、ディクシャを通して受け取るのが安全な方法です。

また「シッダークリヤディクシャ」という、プラーナ(呼吸)の秘法の伝授があります。深いカルマをプラーナがつくる火のエネルギーで焼いて変容させる秘法です。マスターが見守るもとで段階を追ったアヌグラハクリヤ秘法の伝授があります。死を超えるヒマラヤ聖者はプラーナを熟知しているのです。

合宿や研修の中で秘法伝授を受け、修行することができます。ヒマラヤ聖者の伝授する瞑想はヒマラヤシッダー瞑想といい、各種の秘法があり、それらはあなたを変容させ、運命を変え幸せにし、悟りに導いていくのです。

本来すべてを捨てて出家しなければ、瞑想秘法を伝授していただけるマスターに出会うことはあり得ないのです。そして今ヒマラヤに行ってもヒマラヤ聖者に会うことはかないません。そうした出会いが、今ここに起きているのです。

そして、**これらヒマラヤ秘教の恩恵の効果をあますところなく実感するためには、シッダーマスターと信頼でつながることが非常に大切です。**

信じることです。信じて任せることです。そうすることによって、祝福や聖なる波動はまっすぐあなたの内側に到達するでしょう。

心を浄め、〈ほんとうの自分〉、源に還り、真理に出会い、深い安らぎを得ます。何も持っていなくても、あなたは幸せです。そして、必要なものは集まってきます。この境地にたどり着くことが、実は、私たちが生きる目的なのです。

それはどこかに行くのではなく、今ここにいるのです。

瞑想のほんとうの力を知っていますか？

朝、サマディ瞑想をすることで、マントラの波動があなたを守り、その日一日が変わります。

この大宇宙の源には何もありません。そこから光が現れ、次に音の波動が現れました。

宇宙からこの二つのエネルギーが最初に出現したのです。

この聖なる音をマントラにしたのは、ヒマラヤ聖者です。

この聖なる音は、まるでレーザー光線を当てたように体の中の悪いものを浄化します。過去生のカルマ、そして今生の過去のカルマ、そのすべてを浄化します。

そのマントラの音の波動は安全であり、繰り返しそれを用いて修行をしていくことで、創造の源である神の居場所へ連れていってくれるのです。やがてストレスから解放され楽になっていきます。ヒマラヤ秘教はそのほかの修行があり、それと抱き合わせで行っていき、最速で効果を促していきます。しっかりとマスターにガイドをいただきながら進めることが大切です。

前述のように、マントラはディクシャのときにシッダーマスターからいただけるものです。日常生活でマントラを用いた瞑想を行っていきます。サマディ瞑想です。正しいやり方のガイドをいただいて安全に進めていきます。それによって次第にカルマが浄まり、これまでとはなんとなく気分が違ってきます。

日々の気づきで自分の価値観が変わっていきます。今まで見えなかった自分の心が見えてくるでしょう。否定の思いを感謝に変えていきます。会った人に対してすぐに「あの人は苦手」などと嫌な気持ちになっていたのが、不動の心が生まれてくるでしょう。

それは、人に対して先入観を持ち、自己防衛と恐れで判断して対応していたからなのです。思い込みの心で見ていたということです。

ところが**瞑想をすると、誰のことを見ても、同じ神の子なのだからと許し、尊敬し、慈しむことができるようになります。**

心が純粋になって気にならなくなるのです。マントラの力は非常に強いものです。

シッダーマスターはサマディからの波動でマントラを伝授します。

真理を実際に体験していない人、純粋な意識でない人が、本から抜粋するなどして伝授したマントラを唱えることは、双方に災いがもたらされることになるので、たいへんに危険です。

本来、カルマの欲や執着を浄化する働きをするものが、逆に欲と執着を呼び起こしてしまったり、悪い影響を与えるマントラもあるからです。マントラは、必ず、ヒマラヤ秘教のシッダーマスターから受け取ってください。

そのことさえお守りいただければ、マントラの聖なるパワーが正しく働きます。

本来、心にこびりついたカルマを落とすには、何生もの輪廻転生を繰り返すことが必要です。本来、内側のカルマを浄めることはできないのです。

サマディ瞑想だけでなく、さまざまなヒマラヤシッダー瞑想秘法をシッダーマスターは伝授して、さらにあなたのカルマを最速で浄め楽にしていきます。

特にサマディ瞑想に合わせて、アヌグラハクリヤ瞑想の伝授をいただいて修行すると、心を空っぽにしていくことを最速でできるのです。

悩みや苦しみをどのように
解決していますか？

あなたの奥深くには、
神秘の力が眠っています。
瞑想で心を空っぽにすると、
その力を引き出せます。

これまであなたが求めてきたのは、ものやお金、地位や名誉といった心のレベルの幸せではありませんか？

それは比較から生まれる幸せであり、競争からの幸せであり、何かを得た幸せです。それはやがて変化し、失う幸せです。一時的な心と感覚の喜びの幸せなのです。そこには安らぎはなく、これでいいという満足もありません。

あなたが抱える仕事や人間関係の悩みや苦しみは、たいていこうした心の幸せを求めた結果なのです。

その悩みや苦しみから逃れようと、人はさまざまなストレス解消法を試しています。お酒を飲んだり、美味しいものを食べたり、友人とおしゃべりしたり。

そうした楽しみは一時的に楽になり、悪いことではありません。

けれど、人によってはクセになり、度を超えてしまうことがあります。アルコールに依存したり、暴飲暴食に走ったり、一方的に不平不満やグチを延々と言い続け、人間関係を壊してしまうこともあるのです。そうした生き方はまた違う執着をつくり、そのときは楽になってもあとでたいへんなことになるのです。

これでは何の解決にもならないばかりか、自己嫌悪で苦しみをさらに増長するような結果になってしまいます。

スポーツや趣味に打ち込むのも、一瞬は心が晴れますが、苦しみが根本から消えるわけではありません。そして心に生きている限り、そのことが別に変なこととは思わず、次から次へと幸せを求めて旅をし続け、心のエゴを増大させていくのです。人生はこんなものと思ってやりすごしているのです。

それは、その方法しか知らないから仕方がないともいえます。しかし、そんなあなたにヒマラヤ秘教の教えで真理のレベルから解決する道を示したいと思います。**それがヒマラヤシッダー瞑想です。あなたは最高の人間になるのです。人間性を高めていき内側から変容します。**本来、あなたが出会えない教えが今、公開されているのです。内側を変えることができる力があるのです。

ヒマラヤシッダー瞑想は、まずあなたの深い自己を信じることからはじまります。また神を信じ、マスターを信じます。そしてスタートします。安心してあなたの苦しみを溶かし、神の叡智を引き出し、さらに心を制御できるようになるのです。心の欲望を静め、ナチュラルにするのです。

エゴやカルマで曇った心を浄化します。内側からの改革です。

ヒマラヤシッダー瞑想は、五千年以上も前からヒマラヤの聖者が真理を悟るために行ってきた秘密の営みで、シッダーマスターの悟りの知恵から生まれた、あなたを変える力を持つものです。師から弟子へと口伝で伝えられてきた門外不出の秘法の数々であり、順次段階を追って伝授されます。

それらは、すでにご紹介した音の秘法のマントラ、またヒマラヤ聖者のサマディからの智慧で生まれた呼吸とプラーナを用いた特別パワフルなアヌグラハクリヤの秘法があります。それは火のエネルギーを起こして、最速でカルマを焼いて空っぽの心にするのです。段階を追った秘法の伝授があるのです。

さらにアヌグラハの恩寵とで、神聖なる高次元のエネルギーがレーザーのように深くあなたに浸透し、それまでなかなか捨て切れなかった欲望や執着、思いグセなどを最速で溶かし浄めます。そして才能が開かれ、ひらめきが生まれるのです。

これらの実践をしていくことで、疑いや不平不満、怒りや悲しみが消え、心は空っぽになります。

充電され、純粋な人に生まれ変わるのです。物事を深く理解できる叡智が湧き、生命力にあふれ、愛にあふれる理想の人格者に生まれ変わるのです。そのとき、心は過去にも未来にも行かず、「今、ここ」にいる状態です。

乱れていたエネルギーが整い、密度の高い平和なエネルギーがあふれてきます。理解や感謝の心が現れます。そして、やがて、これまで書いてきた〈ほんとうの自分〉に出会っていくのです。

人の本質は自由で、無限の愛の存在です。穢れのない純粋なクオリティなのです。あなたはその本質に還っていくのです。

〈ほんとうの自分〉は外側のカルマが積まれた体や心に惑わされないのです。深い海のような静寂と無限の愛につながって、超然として存在しています。**ヒマラヤシッダー瞑想はまず自己を信じ、〈ほんとうの自分〉とつながり、実践していきます。そして、サレンダーしたときに自己の神と一体となります。神の持つ無限の智慧とパワーをくみ出すことができるのです。**

ヒマラヤシッダー瞑想を体験すると、あなた自身が放つ波動が輝きます。波動と波動は同質のものを引き寄せるので、周囲に自然と良い人が集まり、良いチャンスにも恵まれるでしょう。人生が、あなたの思うようにまわり出すのです。

このヒマラヤシッダー瞑想秘法の伝授は、前述のように、まずディクシャという儀式を行います。機会があれば私の道場へいらしてください。ほんとうの幸せを願うすべての方にディクシャを差し上げることができます。

自分を浄める方法を知っていますか？

エゴの心を捨て去り、
外側を浄化する
「ヤマ」「ニヤマ」という
心と体の教えを実践しましょう。

シッダーマスターのガイドによるヒマラヤシッダー瞑想によって、心の内側はより深いところまで浄めることができます。

そのためには、つねに外側のエネルギーも浄めておくよう心がけましょう。外側が汚れていては、その汚れが内側にまでにじんで入り込み、浄化のスピードが遅くなり、安全に浄化ができません。

外側を浄化するために、ヒマラヤ秘教では、**「ヤマ」「ニヤマ」**という二つの教えがあります。

それはあなたの行為を正しいものにしていき、カルマを積まないようにするのです。

人は欲望を持ち行為をして、またそれが記憶となり執着となり、そのことを繰り返し、カルマを積んで、悟りから遠のき、やがて苦しみをつくり出すのです。

それらのカルマを浄化して完全に自由な人になり、本質の神聖な人になるのがヒマラヤ秘教の実践の教えです。

カルマは、執着を持って自分の欲望を満たす行為がつくります。その反対の行為でカルマを解放します。人を思いやり、人を助け、愛を出していくのです。積極的に奉仕をし、その行為は見返りを願わず、神に捧げていくのです。

「ヤマ（禁戒）」は、日常生活でしてはいけない戒めです。

●暴力をふるわない

暴力をふるわないのです。自他を傷つけません。

慈愛を出して人を思いやり、人を助ける行為を積極的に行いましょう。

●嘘をつかない

嘘をついて人をだましません。さらに積極的に人に誠実になります。もっと人に優しく誠意をもって接します。自分にも嘘をつかない、自分も傷つけないのです。

そして正直になり、正しいことをして純粋になるのです。

●盗まない

人に迷惑になる行為はしないのです。盗むどころか、自分を捧げ、奉仕をするのです。

意識が進化する会や、自分の意識の進化を教えてくれている指導者のところで自分の時間を捧げます。この体を捧げ、労働をします。また布施をして、執着をはずしていくのです。

●溺《おぼ》れない、淫《みだ》らにならない

欲望に溺れないことです。依存しないのです。自分を信じ自分を強めます。自分を汚したり傷つけません。

エネルギーを悪いことにつかわないで、そうしたことにこだわらず、無償の愛を捧げて自分の心を豊かにするのです。

●欲をかかない

持っているものに満足をします。食べ物なども必要以上に取らずに自分を大切にします。満足をします。

感謝をし、布施をします。欲望を落とすのです。

神から与えられたこの体を大切につかいます。

このように行為を戒めて、そこから積極的に反対の良い行為をして、功徳《くどく》を積むのです。そしてよりカルマを浄め、豊かな自分にするのです。

「ニヤマ（勧戒）」は、実践すべき行いです。

●清潔にする

体をきれいにします。病気にならないように、食べ物も純粋なものを食べます。また外の環境もきれいにするのです。

●足るを知る

今持っているものに満足をするのです。人と比較をしません。そしてもっと自分の持っているものを愛し磨いていきます。

また、欲をかいて心と体に負荷をかけすぎないようにします。たとえば食べすぎないとかものを持ちすぎないというように。

そして、分かち合うために布施をするとよいのです。たとえ少しでも捧げていく生き方がいいのです。

●苦難を受け入れる

「タパス」という苦行をします。真理への道はくじけないで、しっかり一つのことをやり遂げるのです。あきずにコツコツ行うのです。

●学習する

真理の学びをします。心身を正すためにです。私の本も真理の本です。何のために生きるのか、真の成長のために体と心を無駄のないようにつかっていきます。

●神を信じ受け入れる

見えない存在、その力によって生かされています。それを信じます。自分の源に〈ほんとうの自分〉、魂があります。それは神です。それを信じます。

信じることでパワーを引き出し、生きやすくします。すると自分の欲を落とし、太陽のように見返りを求めないで生きられるのです。自然である動物は信じることができないのですが、人間にはできるのです。

「ヤマ」は、悪いカルマを刻まないために行ってはいけないことです。さらに積極的に良いことをしていくのです。愛を育み、人を助ける行為をしていきます。そうした行為が功徳となって、さらに浄まり、心と体が軽くなります。「ニヤマ」は良いカルマの種を蒔くためにぜひ行っていきたいことです。「ニヤマ」は自己のために良いことです。これを基本に、さらに人のためにも良いことを行っていくのです。

特に「ニヤマ」の中の〝神を信じ受け入れる〟行いは、より深いところまで自分を浄めるためにとても大切です。

神を信じることで大きなパワーをいただいて、さらに人を救い自分を救うことができるのです。

神とシッダーマスターを信じ、サレンダー（明け渡す）しましょう。サレンダーとは神にお任せして委ねることです。その準備ができていないと、せっかくのマスターからの高次元のエネルギーであるディクシャをエゴの心で受けることになり、もったいないことになるのです。その神のパワーを誤った方向に使いかねないことになるからです。

また、それがパワーと否定的な心とつながって悪いことに働くことになるからです。

「守ってください。浄めてください」とお祈りする姿勢も大切です。

その際も、自分だけの利益を求めるようなエゴの心は捨て去ってください。人々のため、平和のため、愛と感謝をもって祈るのです。

そうすることで、あなたの内側は浄められるでしょう。

修行は続けることです。何事も継続すること、それにより意志の力が強くなります。良いエネルギーを製造し続けることで、あなたのカルマが浄まるのです。そうでないと人はつねにエネルギーを消耗して、パワーが減り、正しく考えられなくなります。

心は否定的に働きやすいのです。自分を責めたり、人を恨んだり、人をうらやましがったり、焦ったり、怒ったり、悲しんだりと自分を汚し、人を汚し、地球を汚す体と心のつかい方しかしていないことになります。

この道はしっかり自分を浄め、過去から蓄積された否定的なカルマから自由になるのです。

ヒマラヤではつねに修行をします。それを少し取り入れ、安全にあなたは研修という特別な修行の機会に出会うことができます。さらに最速で強力に内側を浄め、潜在能力を目覚めさせ、素晴らしい人格になっていく修行ができるのです。

やがて心の隅々まで浄化されて静寂になります。心は動きません。そして、サマディの覚醒と悟りに向かっていくのです。

失敗にこだわっていませんか？

カルマを浄め、「失敗の回路」を溶かすと、絶対的安心感に包まれます。

失敗はできるだけしたくないものですね。

ですが、たいていの人が一度や二度は失敗をするものです。

特に過去に大きな失敗をしたことのある人は、それがカルマに記憶され、トラウマとなって失敗の連鎖を起こすことがあります。

心の中に「失敗の回路」ができあがっていると、何かあるとすぐにその回路につながってしまいます。今度こそうまくやろうと思っても、カルマが浄化されていなければ、また同じようなミスをしてしまうのです。

カルマはそれほどやっかいなものなのです。

ヒマラヤ秘教の高次元の波動でカルマを浄めていきましょう。失敗の回路を内側から溶かし、断ち切るのです。

サマディに達したマスターのディクシャを受けて瞑想をはじめると、よけいな思いが減り、今やっていることに集中できるようになります。

「よけいな思いが減る」とひと言で書くと、なんだか簡単そうに思うかもしれませんが、やはりふつうには何かするときに限って無意識に心が動いたり、失敗を思い出したり、「今度こそ失敗したくない」と緊張したりするのです。

心の働きにスイッチが入るのは心の習性でクセであり、そのクセは計り知れない長い期間行っているので変えることは不可能なのです。ヒマラヤの恩恵を受け取ることで、この問題は速やかに解決することができるのです。

ヒマラヤシッダー瞑想によって心が浄化され、絶対的安心感に包まれます。そして、知らないうちに、失敗のカルマを手放していくことができるのです。


日常的には善行を積みます。人の幸せを祈ります。悪いことを考えません。そして、今にいて無心になり、やるべきことをやって結果にとらわれません。

失敗するかもしれないとか、人がどう思うかなど何も思わないで、今にいて心を落ち着けてベストを尽くしていきます。失敗しないためにがんばろうと思うと、逆に緊張してしまいます。失敗の原因は一生懸命さの不足ではなく、先への心配とこだわりです。

まずは自分を信頼します。無欲になり、神にお任せして楽しむ気持ちで、欲を手放してやってみてください。それでも失敗してしまったときは、あまりクヨクヨしないこと。すべては学びです。

特に自己否定の強い人は、「私はだめ人間なんだ」「私がいるとまわりに迷惑をかける」などと自分を責めてしまいがちです。反省しすぎてはいけません。また、失敗にこだわって再チャレンジするより、次は得意な分野に打ち込んでみてはいかがですか。

たとえば人前に出るのは苦手でも、集計作業やデータ分析ならうまくできるという人もいるでしょう。自分が好きな分野、得意な分野で達成感を重ねることで、あなたの中に、失敗ではなく「成功の回路」ができるのです。

ヒマラヤ秘教はあなた自身を信じることをガイドします。深いところのすべてを知る存在、〈ほんとうの自分〉を信じるのです。そうしてお任せをするのです。そのことで、そこからの直感ですべてがスムーズにいくようになります。必要なことが起きてうまくいくのです。

信仰心を持っていますか？

私たちはもともと
神の存在を感じ、
「信じる力」を秘めています。
信仰心を育てましょう。

日本人の宗教観は独特です。キリスト教のクリスマスを祝い、大晦日《おおみそか》にはお寺の除夜の鐘を聞き、お正月には神社へ参拝する。なんだか節操がないようですが、これも日本人独特の寛容性かもしれません。

寛容であるとはいえ、あえて「信仰心を持ちましょう」と言うと、何かの宗教の勧誘かと身構える人も多いでしょう。

しかし、本来信仰心とは、仏教やヒンズー教、キリスト教、イスラム教など特定の宗教に帰依することではありません。**信仰心とは、目には見えない偉大で尊い力を信じることで、日本人にもともと備わっていたものなのです。**

遠い昔、私たちの祖先は、自然の中で農耕や漁で生活を営んできました。自然は人間に恵みも与えれば猛威もふるいます。その自然現象に生命の尊さと、神々の存在を感じ、おのずと信仰を心の内に持ったのだと思います。

信仰心とは、そうした揺るぎない信頼のことを指すのです。

私は悟りの道を指導する会を主宰しています。そこで高次元のエネルギー伝授であるディクシャを授け、ヒマラヤシッダー瞑想秘法も伝えます。けれど、それはノウハウとして単純に実践すればいいというわけではありません。

無限の力を持つ神を信じ、究極のサマディで神と一体になったシッダーマスターに対する信頼が大切です。深い信じる心がないと、神の道へ通じることはできないのです。信じることで守りとエネルギーをいただいて、安全に進めることができるのです。

最近は世界中でヨガや瞑想がブームになっていますが、それはビジネス的で体と心の技術であり、表面的効果しか得られないのです。リラックス法や健康法であり、エゴの動機から入るものです。究極の真理からの教えで真理を知る道とは異なります。

私が指導するほんとうの瞑想とは、無限からの計り知れないパワーを引き出して行うもの、高次元の存在の最速の浄めと祝福があります。すぐに楽になっていくものなのです。

そして、気づきを深め、心を浄化し、体という小宇宙を浄め、〈ほんとうの自分〉、真理に到達するものです。サマディからの祝福と真理に至る秘法をシッダーマスターから受け取ることができるのです。

安心をいただくことができる、シッダーマスターへの信頼と信仰心が必要です。深い純粋な〈ほんとうの自分〉を信じるのと同じことなのです。

シッダーマスターとあなたの魂と神は一体のもの、深いところでつながっています。あまり難しく考えることはありません。自分の根源の神に出会いたいと心身を純粋にすることで、神と一体になっていけるのです。

あなたの中には素晴らしい存在があり、いつもあなたを支えてくれています。あなたに勇気と安らぎをくれます。その存在に日々感謝し、信仰心を育てていきましょう。そこからのパワーを引き出し、曇りを取り除いて、やがてそれになっていく、悟りへの道を歩んでいるのです。

依存し合う関係になっていませんか？

純粋で執着のない
大きな愛でつながると
一人ひとりがみな幸福なのです。

仲が良く、お互い相手を思いやる関係はいいものです。けれど、**関係があまり強くなりすぎると執着になるので、気をつけなければいけません。**

たとえば親子の関係では、最近は、子どもを溺愛《できあい》する「ヘリコプターペアレント」なる親が増えていると聞きます。ヘリコプターがホバリングするようにわが子のまわりを飛び続け、監視し続けるところからそう呼ばれるのだそうです。

そんなふうにつねに子どもとべったりの親の中には、子どもを甘やかし何でも言うことをきいてやる過保護の親と、「～すべき」「～しなさい」と親の価値観を押しつける過干渉の親がいます。

過干渉の親の場合、子どもに自分の夢を背負わせ、期待するあまり、プレッシャーをかけていることもあります。

いずれにしても、あまりやりすぎると、お互いが依存し合い、いつまでたっても子離れ、親離れができず、子どもたちの自立心が育ちません。

依存し合う関係は親子に限らず、夫婦や恋人、友人関係でもよく見られます。たとえば、悩みや問題を抱えている友人がいると、自分のことはさておき、相手の相談にのってあげたり献身的にお世話してあげたりする人が時々います。そんな人は一見優しくてしっかり者のようです。

でも時にそうした親切が上から目線であったり、あるいは寂しさから執着する関係になったりすることもあるかもしれません。そして、**過剰にかかわりすぎる関係は、苦しみを生むものです。**さらに、無償の愛の行為に高めることが大切です。

ヒマラヤの聖者は神を求め、つまり真理を求め、悟りを求めるために、家族と別れ、厳しい修行の旅に出ます。

一見ご縁が薄く孤独に見えますが、そうではありません。

聖者は瞑想秘法によって、神を信じ、神と一体になるという悟りをめざす過程で、自分自身だけでなく家族や先祖の魂も浄めていきます。それぞれが持つ所有欲や依存のカルマを溶かし、純粋で執着のない愛に変容させていくのです。

そうすることで、直接触れ合うことがなくても、広く大きな愛でお互いが深いところでつながり、依存し合うことなく、一人ひとりがみな幸福なのです。無償の愛でかかわっていくことで、相手の真の成長を願うのです。自分の存在感を示したり、寂しさが動機の親切であってはならないのです。

ですから依存しない、むしろさっぱりした関係、自立した関係がお互いの成長を褒めたたえ合えるのです。セルフィッシュ、つまり利己的で個人的なつながりを超越した、エゴのない純粋な無限の愛が育まれるのがよいのです。

心の執着を手放しましょう。

そうすることで、いろいろな関係がほんとうにうまくいくようになるのです。

忙しい日々に追われていませんか？

無心とは、何もなく、
しかし、すべてがあること。
ヒマラヤの教えで、
ほんとうの幸福に目覚めましょう。

忙しい毎日をすごしていると、仕事のことやさまざまな問題など考えごとばかりで頭や心に疲労がたまり、「ああ、楽になりたい」と思うこともあるでしょう。

心があれこれ無意識に動き、解放されていないのです。温泉につかったり、談笑するなどで一時的に楽になろうとするかもしれません。

では、どうしたら、ほんとうに楽になれるのでしょうか。それは**無心になること**です。

写経をしてみたり、手芸や絵を描くなどの趣味に没頭したり。ひたすら掃除や料理に打ち込んだり、ランニングをしたりすることもあります。

このようなことは、体をつかい、今までつかっていない回路をつかって心をほぐしているのです。

確かに何か目の前にしたいことがあればいいと思います。それだけに集中し、ほかのことは考えないですみますし、一瞬は嫌なことも忘れられるかもしれません。いい気分転換にはなりそうです。

しかし、それはさらにこだわりをつくり、エネルギーの消耗になりますし、心を空っぽにしようとするほんとうの無心とはちょっと違います。

いくらほかのことは考えないとはいえ、何かに集中するときはやはり心をつかっています。

たとえば写経をするとしても「あっ、はみ出した」「今度はうまく書けた」というように、それをすること自体、心をつかっています。

さらに「上手にできない」「もっと上手にしたい」「何分経っただろう？」などと知らずに心は騒がしく動きまわるのです。

そのため、無意識のこだわりをつくります。執着です。せっかく頭を休ませるつもりが、終わったときには案外疲れていることも多いものです。

無心とは、「心」が「無い」ことです。

ヒマラヤ聖者は究極のサマディで究極の悟りを得て、心を浄化しつくしています。考えないとか忘れるのではなく、心を空っぽにして、心をつかいません。

あるのは、心身を瞑想で浄化しつくした神の純粋意識だけなのです。

たとえば、そこにある何かが目に入ったとしても、心はいっさい動きません。

あるものは、ただあるだけ。好きか嫌いかも、損か得かもありません。

私自身もそうなのですが、「心」が「無い」。つまり無心なのです。

人に気をつかうこともない、気に入られようともしない、恨まない、憎まない、競わない……。何もありません。

けれど、意識は覚醒しています。透明で、豊かで平和で、満たされています。

それは仏教で言うところの「空」とは違います。**神の輝く生命エネルギーに生かされ、何もなく、しかし、すべてがあるのです。**


ヒマラヤ秘教とは、こうした境地へ向かう教えです。

シッダーマスターからのディクシャを受け、その照らす道を信じ歩むことで、あなたもこの恩恵を授かることができます。

ぜひ意識を進化させ、真の幸福を体験してください。

第4章

大切なものを信頼し、受け取るコツ

心の深いところにある
愛につながる方法

〈ほんとうの自分〉が
誰なのかを知っていますか？

ヒマラヤ秘教は
自分の内側を信じて心身を浄め、
悟りの道を歩む教えです。

幸せな生き方を求めて、スピリチュアルな本や自己啓発の本を参考にしたり、セミナーに参加したりしている人も多いことでしょう。

けれど、どこへ行っても納得できるような答えが見つからず、中には焦りと飢餓感からあちらのヒーラー、こちらのカウンセラー、今度は占い師……などといろいろなところに出入りして迷子になってしまうこともあるようです。

社会的な地位のある人も、霊能者や占い師の言葉を信じていると聞きました。自分が少し成功するとそれがどれくらい続くのか、運命を気にするのでしょう。

そして占い師の言葉を信じ、ああしたほうがいい、こうしたほうがいいと、その指示に従い、依存していくようです。

どうして人の言葉に翻弄《ほんろう》されるのでしょうか。

どうして真理でないことにこだわり、その結果、求める幸せが得られないのでしょう？

それは**幸せを外側に求めているから**です。

たとえば最近よく耳にする「引き寄せの法則」にあるような「思えば現実化する」という考え方も、その「思い」は結局エゴの思いでしかありません。

お金が欲しい、楽に稼ぎたい、欲しいものは何でも手に入れたいなど、それは物質的な欲望であり執着です。

欲望は欲望を生みますから、たとえ願いが実現したとしても、どこまでいっても心が満たされることはないのです。

そのため、何をやっても何かが違う、こんなはずではと失望し、恨みがましい気持ちになったり人を責めたり、また自己嫌悪に陥ったりもするのです。

みな、幸福のありかを間違えているのです。**ほんとうの幸せは外側ではなく、私たち人間一人ひとりの内側からやってくる**のです。

ヒマラヤ秘教の聖者は、過酷な修行を経て、約五千年以上も前にそのことを知りました。私たちの心のもっと奥深くに愛があり、神があるのです。

そこには、宇宙のすべてがあります。幸福になるための智慧と真理は、すべてそこにあるのです。

ヒマラヤの教えは、ほかとはまったく違った内側からの変容の教えです。人は学校や社会で学んで外側の情報は知っています。しかし、自分自身のことは知りません。自分の内側に何があるか知らないのです。〈ほんとうの自分〉が誰なのかを知りましょう。外に幸福を求めるのではなく、あなた自身の内側を知ることがこれからの人生を変えるカギなのです。そのことで外側は自然に豊かになるのです。

現代はさまざまな情報が氾濫《はんらん》しています。何を信じていいかわからず、道に迷い不安になっている人もいるでしょう。メーテルリンクの童話『青い鳥』のように、幸せを求めて外の世界を彷徨《さまよ》っているようなものです。

けれど、**探しているものは、あなた自身の中にあるのです。**

ヒマラヤ秘教では、あなたを真理に導くためのガイドが必要となります。あなたと神とをつなげる最高の修行をした究極のサマディマスター、シッダーマスターが架け橋となるガイドです。

ほんとうの自分につながり、愛と智慧の人になっていきます。捧げていき、愛を出し、人を助け、セルフィッシュな行為から、魂に出会っていく行為にします。執着を取るために良い行為をします。布施や奉仕をして、人を助け、純粋な愛を増やします。そのことでカルマが浄まり、本質に近づくのです。そうした功徳が蓄積して、内側のカルマが浄まっていきます。

あなたはシッダーマスターを信じ、真理に目覚め、祝福をいただいて、変容します。日々守りとガイドをいただき進化し、未来に向かって変容の旅に出ます。

ヒマラヤ秘教は内なる旅をして、その源にある真理に達していくのです。

「セルフリアライゼーション」、つまり自己の悟りを開き、さらに至高なる神に出会っていくための教えです。

あなたの中に眠る神秘の力を目覚めさせ、素晴らしい人、最高の人に変容していく贅沢《ぜいたく》な旅なのです。神とマスターにサレンダーし、エゴを落とし、エゴの向こうにある可能性を信じましょう。

相手を変えることばかり
考えていませんか？

相手を変えるのではなく、
まず、あなたが変わるのです。
その方法は、
ヒマラヤ秘教にあります。

私の瞑想道場には、ヒマラヤ秘教の教えに賛同される多くの方がいらっしゃいます。そして私のディクシャを受け、瞑想を続けることで、実際、大きな内面の変容と進化を体験しています。

四十代のある女性は、いつもとてもがんばる人でした。「負けられない、自分の力でなんとかしなければ」と思うあまり、家族やまわりの人と衝突することも頻繁だったそうです。

夫の仕事に意見したり、子どもに「ああしろ、こうしろ」と口うるさく指図したり。本人は良かれと思ってやっているのですが、相手にとっては、自分の意思を無視してコントロールされているようで、いい気持ちがしません。押しつけられれば、反発したくもなります。

彼女は、瞑想を続ける中でそのことに気づきました。すべてを超越した大きな存在を感じることで、自分の力で家族を正しい道に導こうとしていたことがなんと傲慢《ごうまん》だったかを知ったのです。それからは神のパワーを信じ、すべてをお任せする生き方へシフトしていったのです。

それまでは、良い妻、良い母であることにこだわっていました。しかし、それからは、わからないことを素直に伝えることができるようになったそうです。するど、何も言わなくても家族のほうから協力してくれるようになり、自然にお互いを尊敬し思いやりを持てるいい関係になったといいます。

自分の価値観に強くこだわる人は、それが正しいと思い込み、人に押しつけ、相手をコントロールしていきます。けれど、みんな一人の独立した人間です。いくらがんばっても、自分の思いで相手を変えることはできないのです。

相手に「ああなって欲しい」と望む前に、自分が変わることです。

ただ、今の自分は過去のカルマが蓄積したキャラクターなので、なかなかすぐには変わりません。

「怒らないようにしよう」「冷静な自分になろう」などと決意しても、カルマが変わらない限りは変われません。すぐにもとに戻ってしまうでしょう。

自分を変える方法は、ヒマラヤ秘教にあります。

高次元のエネルギーをいただき、神とマスターに信頼でつながり、まずあなたのカルマを浄めましょう。善行をします。エゴを落とすのです。源のハートの愛につながり、慈愛を出します。布施と奉仕をするのです。そうすることで、どんどん執着がはずれてエゴが落ち、カルマが浄まっていくのです。

そうして捧げることで執着が取れた純粋な受け皿に、神の聖なる波動と音の秘法、マントラをいただきます。それにより過去生までものカルマを浄めていき、生まれ変わるのです。あなたはマスターのパワーで深く浄化され、深い平和とパワーがみなぎって、まったく別人に生まれ変わるのです。

あなたは自己を信じ、マスターを信じ、神を信じます。そことつながったのです。そして信仰し、そうした存在に任せます。謙虚になり心をはずしていきます。

エゴが消え、よけいな思いが消えます。でも、それは「無」ではありません。内側より〈ほんとうの自分〉の神性なパワーと智慧があふれているのです。

その力を信じ、**ただ「お任せします」の境地になることで、すべてがうまくまわりはじめるのです。信じることですべてがうまくまわっていくのです。**

人間関係で悩んでいませんか？

自分の本質に目覚めると、
自分らしくいられます。
さらに人間関係が
楽になるのです。

人付き合いが苦手で、ちょっと挨拶《あいさつ》しそびれただけで「悪く思われたのではないだろうか」などと不安になるという人がいました。こんな人は、職場の同僚、友人、ご近所の人など、ありとあらゆる人に気をつかい、相手に合わせようと顔色をうかがうので疲れてしまいます。家に帰って一人になったときにしか、自分らしくいられないのです。

このように**人間関係で心をつかいすぎている人は、実はエネルギーを消耗させているのです。**

人によく思われたい、好かれたい。そうした心が働いていると、不自然な行動になるのではないでしょうか。

何か心の恐れをもって緊張して変に笑ったりすることもあるようです。自分の緊張をほぐすのかもしれません。人と比べて「あそこがだめ、ここがだめ」と自己否定してしまうのです。

現代は競争社会ですから、比較をして優劣や勝ち負けでジャッジすれば、優越感にとらわれるとエゴを増大させ、劣等感にとらわれると苦しむのです。これは競争原理のみでなくカルマです。**人はそれぞれ違っていて当たり前です。たとえ同じ親から生まれたとしても、カルマが違えば蒔かれた種が違い、結果も違います。それによって性格も違えば運命も変わるのです。**

タンポポは薔薇《ばら》にはなれません。桃はリンゴにはなれません。あるがままのあなたでいいのです。自分のことを好きになってくれるかどうかは、相手の問題であって、あなたの問題ではないのです。

ぜひヒマラヤの叡智を体験してみてください。ディクシャを受け、心のクセを洗い流し純粋にしていきます。

〈ほんとうの自分〉と出会うことは、普遍の真理と出会うことです。人は誰もが同じ神から分かれたソウルメイトだということがわかります。そこには上下もなければ、善悪もありません。

その気づきを得ることで、あるがままの自分を受け入れ、あるがままの相手を受け入れることができるのです。そうなったとき、あなたは心を超え、自信を持って自分自身でいることができるでしょう。

ディクシャを受け、ヒマラヤ秘教の恩恵で修行をして、深いカルマを浄め、ワンネスになっていきます。

あなたは〈ほんとうの自分〉に近くなることで、いろいろな価値観にとらわれなくなります。「今」にいることができるようになります。自分の思いがはずれ、無心でいられるのです。

人と会うことに疲れていた人も、いつのまにか何もはからいのない素の自分でいられるようになったそうです。外の何かが変わったのではなく、内側が変わったのです。そのことで放つ波動が変わります。誰と会っても態度を変えることなく、つねに今にいることができるようになり、誰と会っても疲れないのです。

このように、カルマを浄化することで発するエネルギーが変わり、平和になれるのです。

深い安らぎを得たいと
思っていますか？

ヒマラヤ瞑想を通して
魂の故郷に還ることで、
深い安らぎと
安心感が得られます。

日々仕事や家事に忙しくしているあなたは、これまでさまざまなストレス解消法や幸せになるためのことを試してこられたでしょう。温泉にゆっくりつかったり、緑豊かな公園をのんびり散策したり。確かにそれは心地よい体験です。

けれど、それは感覚の喜びと心の喜びです。感覚も心も一回の刺激に慣れると麻痺してしまうものです。そして一瞬は安らぎを感じたとしても、すぐにまた次の刺激を求めるのです。心が変化するものだからなのです。

それは、これまで書いてきたように、欲望に際限がないのと同じです。一度満足したとしてもすぐに「もっと、もっと」とさらに上を求めるため、心のレベルには「これでいい」という満足感はありません。

心は次々にくっつけていき、執着をつくり増大させ、あなたを動きまわらせます。原因と結果を繰り返し、まさに輪廻の輪から抜け出せないのです。ものを集めても食べ物を食べても、また次のものが欲しいということで、心は刺激を求め続けるのです。

自分の内側から満ちないと心をはずすことができません。そしてこのゲームはずっと続きます。そして生涯あがき、欲望で人を振りまわしていくのです。**今ここそこの生き方を、意識を進化させる新しい生き方に変えるときなのです。**

人生のほんとうの目的を生きるのです。みんな心に翻弄され、心の奴隷になっています。心はほんとうの主人ではないのですが、あたかも主人のようにふるまっています。心が主人ではなく〈ほんとうの自分〉が主人です。その地位を取り戻します。そのためにはもう心の思いに従わないのです。心を浄める生き方を選択します。覚醒するのです。

あなたは真理に出会わなければなりません。意識を進化させます。シッダーマスターの悟りのエネルギーが、あなたを真理の存在につなげて、心を浄めて意識を引き上げるのです。そして新しい命をいただけるのです。

さらに心を変容させて平和にし、深い瞑想を体験していきます。このことをいとも簡単に起こすのですが、それは誰にもできないことです。本来は一人で何生も何生もかかって進化するのです。一人で何十年も修行してもかなわないし、巷の教えにはないことなのです。

本来シッダーマスターとの出会いはないので、一生心と共に生きていくのです。心の否定的な思いを肯定的に無理に思い込ませても、そこには心があり、やはり、いろいろな思いが展開して苦しみを呼ぶのです。それがやめられないのです。そして心と感覚を何かに夢中にさせて、カルマを積み、消耗しながら生き続けていくのです。

ほんとうは生きながら体験を積み、真理を知っていくのです。そのために生まれてきたのです。神のように生きる人になるために。無知から光明を得るために。そして死から不死になるために。あなたがこの真理の道に出会うことができたのなら奇跡です。浄化をして、道をしっかり続けていってください。

ヒマラヤシッダー瞑想をすることは心を切り離し、苦しみがなくなることです。高次元につながり、心がはずれ平和になるのです。

シッダーマスターの純粋なエネルギーによって意識が引き上げられ、カルマが浄まり、内側に愛が満ちてきます。

ヒマラヤのシッダーマスターが苦行をし、悟ったからこそ純粋な高次元のエネルギーがあるのです。その出会いが特別な恵みなのです。シッダーマスターによりあなたは変容し、深い真理につながるのです。新しい世界の体験です。

何か温かいものに包まれているかのように満たされ、静かで穏やかです。恐怖も心配も不安もありません。一人でいても誰かが守ってくれる感覚です。

ほんとうの安らぎとは、このような感覚なのです。この生きたマスターはどこにもいません。これがヒマラヤ秘教の会の特徴です。ただ神を思ってもそれは生きた純粋なエネルギーではなく、心の思い込みです。そのパワーの違いがあるのです。

私たちは、もともと神によって創られました。**〈ほんとうの自分〉に還ることとは魂の故郷へ還ること。その深い安らぎであなたはもといた場所を悟るのです。それが真理です。深い平和と愛が満ちるのです。**そこにはすべてがあり、今にいて充実しています。それが悟りです。温泉に入ったときの心地よさは肉体の感覚の喜びであり、クオリティがまったく違うのです。

瞑想を体験した一人は、こんなことをおっしゃいました。

「毎日がストレスですぐにパニックになっていた私でした。今は、『どうにかなるだろう』と涼しい顔でのんびりしているもう一人の自分がいます。マスターに深いところから守られていて安心できるのです」と。

このように深いやすらぎを得られるため、ヒマラヤシッダー瞑想を行うと、たっぷり睡眠をとったあとのように疲れやストレスが抜けます。心拍数が低下し、血圧が正常になり、呼吸も落ち着きます。深いリラクゼーションを得られるのです。そのため集中力がアップして、これまで残業しても終わらなかったような仕事が短期間でできるようになったという人もいます。

頭が冴え、テストの成績が上がったという人や、本を読むスピードが速くなった、苦手だった計算がスイスイできるようになったという人もいます。

あなたの中の静寂を目覚めさせ、それと共に生き方、人格も変わるのです。

夢を叶えるための準備はできていますか？

直感が磨かれ、夢が叶います。
信じれば、神は、
どんなチャンスでも
与えてくれるのです。

〈ほんとうの自分〉には、宇宙の根源からあふれる力と奇跡をもたらす神のパワーが秘められています。**シッダーマスターからのシッダーディクシャを受けることで〈ほんとうの自分〉につながり、内側が目覚め、瞑想者に生まれ変わることができます。**さらに瞑想を続けることで潜在能力も開発されます。

カルマが浄化され、純粋になって直感が鋭くなります。

たとえば、電車に乗ろうとしたとき、ふと何か予感がして一本あとの電車にしたところ、本来なら乗っていたはずの電車が事故に巻き込まれた……などという命拾いを体験した人もいます。〈ほんとうの自分〉を信じることで、神の力がダイレクトに働き、その人を守ってくれたのです。

また、これまでは思いつかなかったようなクリエイティブなアイディアが浮かぶこともあります。仕事で人に電話をする、営業に行く、書類を出すなどのタイミングも直感的にわかり、すべてがグッドタイミングでちょうどいいのです。

このようにヒマラヤの教えは、あなたにさまざまな恩恵を授けてくれます。

天職にめぐり合えた、仕事で成功したなど、夢が叶う人も大勢います。

夢が叶う理由の一つは、**人間性が高まるから**です。

カルマを落とすことで利己的なエゴが減り、自分ではなく人のためにつくす生き方に切り替わります。あなたは「慈愛の人」となります。人に愛を注げば、人からも愛を注がれる人になります。人から好かれ信頼され、まわりの人があなたの夢を応援してくれるのです。

夢が叶う二つ目の理由は、**必要な情報が自然に集まるから**です。

〈ほんとうの自分〉は叡智に満ち、可能性に満ちています。これまでのように心のレベルで考えれば、あり得ないような偶然がいろいろとやってくるのです。たまたま開いた雑誌のページに欲しかった情報が載っていたり、必要な知識を持った人が向こうから電話をかけてきたりするのです。

これはすべて神のはからいです。神を信じることで、良い結果になります。

そして夢が叶う三つ目の理由は、**失敗を怖れなくなるから**です。

カルマに刷り込まれた思い込みや常識が強いと、それが心のブロックとなって行動にブレーキをかけてしまうことがあります。何かをはじめる前から、「どうせ無理」「失敗したら困る」とあきらめてしまうのです。

けれど、ヒマラヤの教えでは、アヌグラハの恩寵で内側が変容します。否定的な考えがなくなるので、気負わず新しいことに挑戦できるのです。

このように、**信じれば、神はどんなチャンスでも与えてくれます。**

望めば外側の富や成功を手にすることもできるのです。こうして、内側からも外側からも、あなたは豊かになっていくのです。

純粋なヒマラヤ聖者のディクシャを受けることで神につながり、願いが叶うのです。神はそこら中に存在しますが、そこにつなげるほんとうに悟りを得た純粋な「橋」がないと願いが届かないのです。

ヒマラヤ聖者の行うサマディヤギャ祈願は「サンカルパ」という究極のサマディマスター、神の意志の願いなので成就します。ヤギャとは護摩焚《ごまだ》きの原型の火の祭典です。聖者の扱う火とマントラの力が加わります。

「内側の自分」を信じていますか？

カルマを浄化しつくした
ところに慈愛があり、
ほんとうの豊かさがあります。
生きる夢と希望があります。

カルマの欲は根深いものです。

欲望を叶えようと、心がまわりを気にしないで暴走してしまうこともあります。また何か否定的な思いにはまり込んで人を憎んだり恨んだり、嫉妬するなど、普段の人柄ではない人に豹変《ひょうへん》してしまうことがあります。

ある三十代の女性は、望んでいた子どもを授からず、子どもを持つ人に嫉妬心を抱いていました。姉妹や親しい友人が妊娠したときにさえ素直に喜べず、さらに二人目、三人目ができたと聞くと、「なぜあの人ばかりが幸せになるんだろう」とひがみ、憎しみの気持ちを持ったそうです。

子どもを連想させる小学校の下校時刻を告げる放送が聞こえるのが嫌で、耳を塞いでいたほどでした。

聞けばこの女性は、幼い頃から両親の不仲に心を痛めていたといいます。問題が解決するには自分がいい子でいようと、自分を抑え、親の顔色ばかりを見て育ちました。大切な進路でさえ、親が望む通りにしたほどです。

けれど、両親は結局離婚し、自分の親への願いは届かなかったのです。

その報われなかった思いが、カルマに刻まれました。

カルマは、今度は自分が良い家庭を築いて、その思いを満たそうとします。

しかも、子どもを産み、その子に仲が良い夫婦の姿を見せて幸福感を味わわせることで、幼い頃の自分が得られなかった願いを果たそうとしたのです。

それは自分のエゴのために、どうしても子どもが必要だったということです。

彼女自身も両親と同じく離婚し、子どもを持つ夢は遂げられなかったのです。


この女性は私のディクシャを受け、瞑想することで、見違えるほど変わりました。アヌグラハのエネルギーで根深いカルマが浄化され、本来の純粋で慈愛にあふれる性質が現れてきたのです。

このように、**内側の充足に気づくことこそが、エゴの苦しみを癒してくれるのです。**否定的な思いは消え、今は、どんな子どももわが子のように愛おしく平等に愛情を注げるようになったといいます。

思いや思考の力で「〜しなければ」「〜べきだ」と自分の心を変えようとし

ても、カルマの殻で閉ざされている限り、心は変わりません。カルマは利己的なエゴの塊《かたまり》であり、人はエゴの奴隷となっているのです。

このようにどんな良い人であっても否定的な心を抱えています。それは心を浄めない限り、つねにそうした自己防衛からの思いはあるのです。人を悪く思ったり、人のせいにしたり、心はつねに自分を正当化しようと躍起になります。

もっと愛の回路を開き、菩薩のようになっていきます。無償の愛を捧げられる人に進化していただきたいと思います。

そうした**エゴから解放される唯一の道が、ヒマラヤ聖者の純粋なエネルギーの恩恵で、カルマそのものを溶かし、内側の真の自己を発見し信じること**なのです。

〈ほんとうの自分〉に秘められた神の力を疑わず、ただ、ゆだねお任せしましょう。

おわりに

あなたも神に出会う
内側の旅に出かけてください

その昔仏陀は、生きること、老いること、病気になること、死ぬことが人生であり、その生老病死《しょうろうびょうし》が苦しみであると、そのように人生を見ました。

私たちは神の愛から創られた地球に生まれて生きていくのですが、もっとその愛をいただきながら素晴らしい人生にすることができるのです。

それを知らせるために、私はこのメッセージを書きました。あなたは理由があってこの世に送られてきたのです。

あなたの中に潜む神秘の力、この命を与えてくれているその力を知り、それに出会うのです。

信じること。ヒマラヤの恩恵をいただくのに、最も大切なことをこの本で紹介することができました。そのテーマを選んで勧めてくださった、廣済堂出版の伊藤編集長様に感謝いたします。この最も大切なことを、いつも言いそびれていたような気がします。

信仰、信じること。それはインドの精神であり、もう改めて言う必要がない、当たり前のことなのです。瞑想を起こすにも、悟りを成就するにも、それは欠かせないのです。

ヨガをする、瞑想をするだけでなく日常生活のすべてに、つねに信仰の精神は根づいているものです。

そうしたことを知らない海外の人は、ヨガや瞑想をうわべだけで解釈しているようで、大きなミスを犯してしまっているのです。

インド政府が主催するイベントやカンファレンスなどに招かれることがありますが、いつも神への祈りからはじまります。敬虔な信仰深い姿が誰の中にもあるのです。

私は、ヒマラヤ大聖者と運命的に出会い、長年ヒマラヤ秘境で苦行を行い、究極のサマディを成就することができました。そして、人生のほんとうの意味を知ったのです。

私は子どもの頃から、人は何のために生まれてくるのか、と考えていました。最終的に出会ったのがヒマラヤ秘教の悟りだったのです。この教えは、私にとってとてもしっくりくるものでした。源の自分に還り真理と一体になったことで、あなたのお役に立てるようになりました。

誰もが何のために生きているのかと、生きることに満足をせず、何かが満たされないのです。しかし、いつの間にかほかのことにとらわれ、そのことを置き去りにしているのです。不満の心はいろいろなものをせわしなく求め続けていき、ただ忙しさの中にむなしさを隠し続けているかのようです。

そして死ぬ間際に、自分はいったい何をしてきたのだろう、これでよかったのか、再び何かのさみしさ、満ち足りなさを感じるのです。ですが、あなたが後悔しない生き方、あなたはもっと素晴らしい存在であることを知り、深いところから喜べる生き方があるのです。

私は今、真理のメッセージをサマディレベルから届けています。あなたが誰の子であるのか、あなたがどこに行かなければならないのか。新しいほんとうの生き方、死に方、健康になること、若返ること、あなたの中にあるものに気づきながら良いものを選択して美しく年をとっていくこと、悟っていくこと、その意味を書き連ねました。あなたが生きる目的を昇華して、最高の進化をしていくために。あなたが素晴らしい人になる実践があります。

信じること、それは神秘の力を引き出す行為です。

信じることは動物にはできません。同じ神の創造物であるのですが、人間だけに与えられたのです。

動物ももちろん、素晴らしい神のような力が与えられています。走る力や飛ぶ力、においをかいだり、見たりする感覚の力、さらに超感覚まで与えられました。洋服に代わる、体を力強く保護する皮膚もあります。

人間はそれに比べるとなんと弱々しく生まれたのでしょう。小さな鳥さえも人間より上手に飛ぶことができるのです。

さまざまな生き物がいて、自然は共生しています。与え合っているのです。

しかし、人間の自然と戦う生き方によって、どんどん自然の様が変わってきてしまいました。

自然が破壊され温暖化が進んでいます。人間が自然と戦うのは恐怖とおごりを前提にした生き方です。無知を前提にした生き方です。

自然は今、疲弊しています。人間のエゴが働いているからです。多くの動物が追いやられていなくなってしまいました。インドに行くと今なお、都会であってもいろいろな動物が一緒に暮らしています。それでバランスが取れているのでしょう。

あなたは今、自然性を取り戻すときです。あなた自身が大自然と同じ自然なのです。大宇宙と同じものを持つ、小宇宙という自然なのです。でも、それらも不自然になっています。あなたを守る存在が見えなくなっていて、それを知らないでがんばっています。そして自己防衛、恐怖から生きています。心が屈折し体にクセがついたあなたをリセットするには、それをよく知るマスターが必要です。根本から良くするのです。

神の力をいただくにはスイッチが必要です。「信じる力」は、神の力を引き出す最も優れたスイッチです。

でもそれを設置する人が必要です。神につなげるのにふさわしい高次元のコードがないのです。橋がないのです。

それがあるとあなたは神の力を引き出すことができます。そこら中に神がいて、人の中にも存在していて、でもあなたの中にある心のエゴという厚いベールが神を覆い、現れてはきません。あなたが浄化を進め、純粋になると現れてきます。

あなたがもう神の子ではなくなり、真っ黒になっているので、神はあなたがただ汚れた存在として、気づかないのです。あなたが自分を磨いてきれいにしなければ、神の懐に帰れなくなってしまったのです。

あなたが自分をきれいにする方法がヒマラヤ秘教の実践にあります。神に愛される人に生まれ変わることができるのです。愛をもって、感謝をもって、神に意識を向けることが必要なのです。それが信じるというスイッチなのです。

あなたは神に感謝して体と心に感謝をし、より正しく使うために正しいスイッチを持ちましょう。

あなたの幸せをお祈りしています。私はあきらめないで、あなたがこれからどう生きたらいいのか、こうしてメッセージを送り続けています。

あなたへの愛からこの本をお届けします。

2019年11月

ヨグマタ　相川圭子

ヨグマタ

相川圭子

（あいかわけいこ）


女性で史上はじめて「究極のサマディ（悟り）」に達したシッダーマスター（サマディヨギ／ヒマラヤ大聖者）。現在、会うことのできる世界でたった２人のシッダーマスターのうちのひとり。仏教やキリスト教の源流である5000年の伝統を持つヒマラヤ秘教の正統な継承者である。

1986年、伝説の大聖者ハリババジに邂逅。以降、毎年ヒマラヤの秘境にて、死を超える究極のサマディ修行を行い成就。神我一如に何日もとどまる「究極のサマディ」に到達し、真理を悟る。

その後、1991～2007年のあいだ、計18回、インドの各地で世界平和と真理の証明のため公開サマディを行い、その偉業はインド中の尊敬を集める。2007年、インド最大の霊性修行の協会「ジュナ・アカラ」より、最高指導者の称号「マハ・マンダレシュワル（大僧正）」を授かる。

日本をはじめ欧米などで法話と祝福を与え、宇宙的無償の愛と叡智をシェア。サマディからの高次元のエネルギーと瞑想秘法を伝授、指導している。

日本では真の幸せと悟りのための各種研修と瞑想合宿を開催し、人々の意識の進化と能力開発をガイド。2016年6月と10月、「国際ヨガデー」と関連して国連で開かれたイベントで主賓としてスピーチを行う。2017年５月には、「アースデー」を祝う国際会議にメインスピーカーとして招かれ、ふたたび国連へ。

2019年８月にはヨグマタ財団（インド）がインド政府の全面的な協力のもと、ワールドピース・キャンペーン・アワード（世界平和賞）を開催。

著書は『ヒマラヤ大聖者の心を癒すことば』（文響社）、『幸福への扉』（光文社）、『未来をつくる成功法則』（大和書房）、『ヒマラヤ大聖者の智慧 瞑想で「本当の自分」に出会う』（世界文化社）、『成功の源泉―瞑想がひらく人生の真理』（さくら舎）、『ヒマラヤ大聖者の幸運を呼ぶ生き方』（廣済堂出版）、『The Road to Enlightenment: Finding The Way Through Yoga Teachings and Meditation』（Kodansha USA）など多数。

〈問い合わせ先〉
ヨグマタ相川圭子主宰　サイエンス・オブ・エンライトメント
TEL：03-5773-9875（受付時間：平日10:00-20:00）
FAX：03-3710-2016（24時間受付）
ヨグマタ相川圭子公式ホームページ　http://www.science.ne.jp/

「信じる力」が幸運を呼ぶ
ヒマラヤ大聖者の幸せを引き寄せる生き方

2019年12月20日　第1版第1刷

著　者　　ヨグマタ 相川圭子
発行者　　後藤高志
発行所　　株式会社廣済堂出版
〒101-0052 東京都千代田区神田小川町2-3-13
M&Cビル7F
電話 03-6703-0964（編集） 03-6703-0962（販売）
Fax 03-6703-0963（販売）
振替 00180-0-164137
https://www.kosaido-pub.co.jp

印刷・製本　　株式会社廣済堂

ブックデザイン　　小口翔平＋山之口正和＋永井里実（tobufune）
編集協力　　金原みはる
本文DTP　　株式会社明昌堂

ISBN978-4-331-52269-1 C0095